WESTEND

GERD GANTEFÖR

PLAN B FÜR DAS KLIMA

Mit den Kräften der Natur
den Klimawandel bewältigen

WESTEND

Mehr über unsere Autoren und Bücher:
www.westendverlag.de

Die Deutsche Nationalbibliothek verzeichnet diese Publikation in der Deutschen Nationalbibliografie; detaillierte bibliografische Daten sind im Internet über http://dnb.d-nb.de abrufbar.

MIX
Papier | Fördert gute Waldnutzung
FSC® C014889

1. Auflage 2024
ISBN 978-3-86489-471-8

Umschlaggestaltung: Buchgut Berlin
Satz: Publikations Atelier, Weiterstadt
Druck und Bindung: Friedrich Pustet GmbH & Co. KG, Gutenbergstraße 8, 93051 Regensburg
Printed in Germany

Inhalt

Geleitwort Hermann Hess

Der Schutz der Erdatmosphäre vor einer zu starken Erwärmung und den damit verbundenen Nachteilen und Schäden ist im Laufe der letzten Jahre zu einem weltweiten Thema geworden. Ganz am Anfang stritt man sich noch, ob die Temperatur tatsächlich ansteigt. Darauf folgte die Diskussion über die Ursachen und den Einfluss der menschlichen Nutzung fossiler Brennstoffe auf den Kohlendioxidgehalt der Atmosphäre. Nachdem man sich hier weitgehend einig geworden ist, gehen heute die Meinungen über die Möglichkeiten und Grenzen der Dekarbonisierung je nach Weltregion weit auseinander.

Bei der heftig geführten Debatte spielt die globale Dimension und Wirkungsweise des Problems eine Rolle. Einerseits würde selbst der sofortige Verzicht etwa Europas und der USA auf die Nutzung sämtlicher fossiler Energieträger den weiteren Anstieg der Treibhausgase in der Atmosphäre nicht verhindern. Andererseits wird ebenfalls meist vernachlässigt, dass das Drehen am »CO_2-Rad« weltweit indirekte Auswirkungen auf Energieversorgung, Wirtschaft und Bevölkerungsentwicklung nach sich zieht und damit sogar die Erreichung der Klimaziele unmöglich machen könnte.

Schon heute lässt sich absehen, dass das Wachstum der Erdbevölkerung abflacht, bis etwa 2100 nahezu ganz aufhört und daraufhin langsam ins Negative kippt. Hauptursache dieses Trends, der sich seit Jahrzehnten an zahlreichen nationalen Entwicklungen zeigt, ist das insgesamt steigende Wohlstandsniveau auf der Welt. Würde das Wachstum durch extreme Klimamaßnahmen gestoppt, so wäre in vielen Ländern wieder mit einer Zunahme der Geburtenzahlen zu rechnen.

Wetterphänomene wie beispielsweise »El Niño« oder »La Niña« sowie Vulkanausbrüche führten schon früher und führen auch heute zu instabilen und extremen Wetterlagen. Mittlerweile ist es Usus geworden, diese Extreme auf den Klimawandel zurückzuführen, womit man viele Menschen in Panik versetzt. Dahinter steht der Gedanke, die Tragfähigkeit politischer Maßnahmen gegen die globale Erwärmung zu steigern. Doch das Klima wird durch komplexe und weltweite physikalische Zusammenhänge erzeugt, und von diesen kennen wir sehr vermutlich noch längst nicht alle. So zeichnen sich die Modelle der Klimawissenschaft denn auch durch enorme Bandbreiten aus.

Einer der unterschätzten Einflüsse besteht in den sogenannten CO_2-Senken, den Ozeanen und Landpflanzen, um die sich Gerd Ganteförs Buch dreht und die immerhin jedes Jahr rund 20 Milliarden Tonnen Kohlendioxid absorbieren. Das entspricht gegenwärtig ungefähr der Hälfte des weltweiten Ausstoßes. Nun haben Wissenschaftler unter der Führung von Prof. Dr. Wolfgang Eberhardt untersucht, was mit dieser Aufnahmefähigkeit geschieht, wenn die Emissionen in 20 bis 30 Jahren zu sinken beginnen. Ihre Schlussfolgerung überrascht: Weil die Absorption nicht vom jährlichen Ausstoß abhängt, sondern auf die Menge an Kohlendioxid in der Atmosphäre zurückzuführen ist und diese wohl noch Jahrzehnte nach der Trendumkehr hoch bleiben wird, dürfte die Absorptionsleistung nach einigen Jahrzenten die gesamten Emissionen kompensieren. Das heißt mit anderen Worten: Eine Verringerung des heutigen Ausstoßes um 50 Prozent führt zum effektiven Stopp des Anstiegs der Konzentration. Damit wäre der Klimawandel gestoppt – aber noch nicht rückgängig gemacht.

Im Irrgarten der Ideen, Konzepte und politischen Forderungen bewahrt der Physiker Gerd Ganteför einen kühlen Kopf. Frei von Ideologie, aber klar den Menschenrechten, der Demokratie und der

Freiheit verpflichtet und stets gestützt auf die Publikationen des Weltklimarats zeigt er die Zusammenhänge auf und präsentiert einen menschenfreundlichen Plan B für das Klima.

Hermann Hess ist Hauptsponsor der 4π-Symposien über Energie, Klima und Bevölkerung, ehemaliger Schweizer Nationalrat, Unternehmer in den Bereichen Immobilien und Tourismus sowie Pianist.

Vorwort
Wolfgang Eberhardt

Wir leben in einer Zeit, in der sich das Klima weltweit verändert. Die Bewältigung dieser globalen Erwärmung ist eine der sogenannten »Grand Challenges« der Menschheit, wobei es jedoch auch weitere gibt, wie Bevölkerungswachstum, Hunger, Terrorismus, Kriege sowie den Mangel an medizinischer Versorgung und Bildung, die nicht minder wichtig sind. Der Klimawandel wird dadurch verursacht, dass die Verbrennung fossiler Energieträger, wie Kohle, Öl und Gas, die Konzentration von Kohlendioxid in der Atmosphäre anreichert. Seit dem Beginn des industriellen Zeitalters hat sich diese um etwa 50 Prozent erhöht. Kohlendioxid oder CO_2 ist ein Treibhausgas und blockiert einen Teil der Wärmestrahlung, die die Erde in den Weltraum abgibt. Somit verschiebt sich die Bilanz zwischen eingestrahlter und abgestrahlter Energie – mehr bleibt auf der Erde zurück und es wird insgesamt wärmer. Diese Tatsache ist wissenschaftlich erwiesen, und das nicht erst seit Kurzem: Der schwedische Wissenschaftler Svante Arrhenius diskutierte sie schon vor 125 Jahren in einer seiner Veröffentlichungen.

Anlässlich der Pariser UN-Klimakonferenz im Jahre 2015 haben die Länder der Welt vereinbart, den Klimawandel auf deutlich unter 2 Grad Celsius zu begrenzen, indem sie die Emissionen bis zur zweiten Hälfte dieses Jahrhunderts so weit verringern, dass die natürlichen Senken alles weiterhin ausgestoßene Kohlendioxid aufnehmen. So steht es in den Artikeln 2.1a und 4.1 des Übereinkommens geschrieben. In Deutschland wird dies seitens der Klimaaktivisten und einiger Wissenschaftler so interpretiert, dass man die Emissionen bis 2050 auf »netto null« reduzieren muss – wobei

»netto« in ihren Augen mit »absolut« oder »nahezu« gleichzusetzen ist. Selbst der Weltklimarat (IPCC) zeigt aber Daten, die eindeutig belegen, dass die beiden großen CO_2-Senken der Ozeane und Landpflanzen in den letzten 60 Jahren im Durchschnitt mehr als die Hälfte des emittierten Kohlendioxids aufgenommen haben. Das steht, vom IPCC unerklärt, im krassen Widerspruch zur Forderung, den Ausstoß bis 2050 auf nahezu null zu reduzieren. Dabei macht es natürlich einen gewaltigen Unterschied, ob wir die Emissionen nur halbieren oder fast komplett herunterfahren müssen, um den Klimawandel zu bewältigen.

Diese Beobachtungen bilden die Basis des Senkenmodells, das Gerd Ganteför wunderbar anschaulich mit einer Badewanne beschreibt. Er ist, wie auch ich, Physiker und wir haben viele Jahre erfolgreich in der Grundlagenforschung an Nanostrukturen zusammengearbeitet. In unserer Ausbildung haben wir gelernt, die Natur durch Messungen zu beobachten und zu versuchen, die Gesetzmäßigkeiten, die diesen Beobachtungen zugrunde liegen, zu erkennen und in Gleichungen zu erfassen. Im Mittelalter maßen die Astronomen die Bahnen der inneren, zuerst entdeckten Planeten um die Sonne und schlossen dann aus relativ kleinen Abweichungen auf die Existenz weiterer Himmelskörper. So wurden zum Beispiel die äußeren Planeten des Sonnensystems gesucht und entdeckt. Es ist eine erprobte Praxis, hierbei die einfachste mögliche Beschreibung zu wählen und erst dann, wenn die Werte des simplen Modells nicht mehr mit den Messdaten übereinstimmen, dieses zu erweitern, bis die beiden wieder im Einklang sind. In Bezug auf die Menge an Kohlendioxid in der Atmosphäre ist das Senkenmodell eine einfache Beschreibung, die alle über die letzten 60 Jahre gemessenen Werte genauso gut beschreibt wie die vom Weltklimarat genutzten, deutlich komplexeren, aber auch intransparenten Erdsystemmodelle. Komplexer ist nicht notwendigerweise besser – das müsste man erst beweisen.

Die Herausforderungen an die Umgestaltung unserer Energiewirtschaft ändern sich ganz wesentlich, sobald wir die Emissionen nur um etwa 50 Prozent reduzieren müssen, wie vom Senkenmodell postuliert. Wir können dann zum Beispiel noch ohne Gewissensbisse das Flugzeug für Interkontinentalreisen benutzen, unsere Häuser mit einer modernen Gas-Wasserstoff-Heizung gemütlich warm halten und auch unsere Essgewohnheiten rein nach Gesundheitskriterien gestalten. Zudem bleibt die Industrie unserem Land erhalten und kann sogar wachsen, anstatt wegen hoher Energiekosten alle Produktion ins Ausland zu verlagern. Das erhält Arbeitsplätze, Wohlstand und letztendlich auch den sozialen Frieden.

Deutschland braucht dringend einen Plan B für das Klima. Kein Land in der Welt setzt Maßnahmen zum Klimaschutz so rigoros gegen die eigene Bevölkerung durch wie die derzeitige Regierung. Die für eine CO_2-neutrale Stromerzeugung sehr gut geeigneten Kernkraftwerke wurden aus ideologischen Gründen abgeschaltet, während fast alle unsere Nachbarn neue Kernkraftwerke errichten oder die Laufzeiten des Bestands verlängern. Die von der Politik in Deutschland geplanten Maßnahmen zur Bekämpfung des Klimawandels, beispielsweise das Heizungsgesetz, rufen im Ausland nur Kopfschütteln hervor. Private Haushalte, Geschäfte und Industrie werden durch stetig steigende Kosten für Energie, auch verursacht durch exorbitante Steuern, extrem belastet beziehungsweise ihrer Geschäftsgrundlage und Wettbewerbsfähigkeit beraubt. Selbst das Bundesverfassungsgericht sah sich – beeinflusst durch eine Klage von Klimaaktivisten unter Bezugnahme auf falsch dargestellte Daten – befugt, unsere Regierung zu ermahnen, noch mehr gegen den Klimawandel zu tun. Das war ein einzigartiger Vorgang.

Wir brauchen in Deutschland dringend eine vernunftbasierte Klimapolitik. Ideologie, Hysterie und Angst sind schlechte Ratgeber. Sprechverbote und die Ausgrenzung anderer Vorstellungen müssen aufhören. Wir sollten wissenschafts- und technologieorientiert nach einem stetigen Plan vorgehen und dabei sorgfältig darauf achten, im Gleichklang mit unseren Nachbarn und Wettbewerbern in der Welt zu agieren. Wenn wir unsere wirtschaftliche Grundlage ruinieren, dann gefährdet das auch den Wohlstand und sozialen Frieden sowie die Freiheit unserer Demokratie. Unter Achtung dieser Prinzipien kann die Energiewende gelingen und der Klimawandel erfolgreich beherrscht werden. Gerd Ganteförs Buch vermag dazu einen wesentlichen Beitrag zu leisten.

Professor em. Dr. Dr. h. c. Wolfgang Eberhardt ist emeritierter Professor für Physik an der Technischen Universität Berlin.

1 Einführung

Es gibt einen bürger- und wirtschaftsfreundlichen Weg, das Klimaproblem zu lösen. Denn die Natur unterstützt uns in unseren Bemühungen, die CO_2-Konzentration in der Atmosphäre auf ein menschen- und umweltverträgliches Niveau zu begrenzen. Gemeint sind die beiden großen natürlichen Senken, die Ozeane und die Landpflanzen. Ozeanwasser speichert große Mengen an Kohlendioxid: Zurzeit nehmen die Weltmeere etwa ein Viertel des von uns ausgestoßenen CO_2 auf. Ähnliches gilt für die Landsenke: Die Photosynthese der Wälder und Pflanzen spaltet Kohlendioxid in seine Bestandteile Kohlenstoff und Sauerstoff. Ersteres brauchen sie für ihren eigenen Bedarf und letzteres geben sie im Laufe des Prozesses wieder an die Atmosphäre zurück. Im Augenblick nehmen uns die Landpflanzen ebenfalls ein Viertel unserer Emissionen ab. Insgesamt kommt also nur rund die Hälfte der menschengemachten Emissionen aus der Verbrennung von Kohle, Gas und Öl tatsächlich in der Atmosphäre an.

Das erste große Ziel des Klimaschutzes besteht darin, die CO_2-Konzentration nicht noch weiter anwachsen zu lassen. Sie bliebe konstant, würde man die Emissionen auf die Menge absenken, die die beiden großen Senken jährlich aufnehmen können. Derzeit verschulden wir uns Jahr für Jahr bei der Natur: Unser Ausstoß übersteigt das, was sie aufzunehmen imstande ist, um etwa das Doppelte. Für einen »ausgeglichenen Haushalt« müssten wir die beiden Posten Emissionen und Senken also in ein Gleichgewicht bringen. Das ist die Grundidee des in diesem Buch näher beschriebenen Senkenmodells.

Die Leistung der beiden Senken liegt im Augenblick bei rund 20 Milliarden Tonnen pro Jahr während wir parallel jedes Jahr rund 40 Milliarden Tonnen an Kohlendioxid freisetzen.[1] Die Menschheit könnte also weiterhin 20 Milliarden Tonnen CO_2 emittieren, jedenfalls solange die Leistung der Senken auf dem derzeitigen Niveau bleibt. Die Halbierung des Ausstoßes von heute 40 Milliarden Tonnen pro Jahr ist noch immer eine gewaltige Herausforderung – sie erscheint aber eher zu bewältigen als die gegenwärtige Forderung der Klimapolitik nach einer vollständigen Dekarbonisierung. Dadurch stünde uns mehr Zeit für die Umstellung auf eine klimafreundliche Gesellschaft zur Verfügung. Das Senkenmodell hat aber noch einen weiteren Vorteil: Durch sanfte Maßnahmen ist es nämlich möglich, die Leistung der Senken zu erhöhen. Wie das funktioniert, wird in diesem Buch näher erläutert.

Die meisten Klimaaktivisten, -journalisten und -politiker lehnen das Senkenmodell ab. Sie sind davon überzeugt, dass jede Abschwächung ihrer Forderungen nach einer vollständigen Dekarbonisierung dazu führen würde, dass die Bevölkerung die Motivation verliert, die harschen Auflagen eines radikalen Klimaschutzes weiterhin mitzutragen. Aus diesem Grund werden die Senken aus der öffentlichen Diskussion weitestgehend herausgehalten.

Stattdessen argumentiert man im Rahmen des sogenannten Budgetmodells, das davon ausgeht, dass die Menschheit über den gesamten Zeitraum seit der Industrialisierung nur eine bestimmte maximale Menge an Kohlendioxid ausstoßen darf. Ist dieses »Budget« einmal aufgebraucht, müssen die Emissionen auf absolut null fallen; die natürlichen Senken kommen dabei praktisch nicht vor. Spricht man die Verfechter des Budgetmodells auf die offensichtliche Diskrepanz an, verweisen sie auf Simulationen und Modellrechnungen, denen zufolge die Leistung der Senken in der unmittelbaren Zukunft sehr rasch abnehmen wird. Solche Prognosen gibt es schon seit vielen Jahrzehnten und seit vielen Jahrzehnten erweisen sie sich als falsch. Zudem fehlt für die Vorhersage jedwede physikalische Begründung: Ein Simulationsergebnis hat wenig Aussagekraft, wenn man nicht erklären kann, welche natürlichen Prozesse dieses herbeiführen.

Das Budgetmodell bildet die Grundlage aller radikalen Forderungen hinsichtlich des Klimaschutzes: Würde sich herausstellen, dass ersteres falsch ist, wären letztere entsprechend hinfällig. Daher verwundert es kaum, dass das Senkenmodell seitens der Klimabewegung massiven Gegenwind erfährt. Möglicherweise hängt dies auch damit zusammen, dass sie sich über Jahrzehnte mit allerhand unwissenschaftlichen Thesen und fadenscheinigen Argumenten herumschlagen musste, sodass die Defensive mittlerweile instinktiv geworden ist. Doch besteht kein Zweifel, dass die Senken existieren und dass ihre Leistung seit vielen Jahrzehnten proportional zur Menge an Kohlendioxid in der Atmosphäre zugenommen hat. Beides sind im Gegensatz zu den Vorhersagen der Computermodelle experimentell überprüfbare Größen.

Dieses Buch zeigt eine Möglichkeit auf, wie das Klimaproblem noch gelöst werden kann, wenn unser Plan A – gemeint ist der konventionelle Klimaschutz, wie ihn die Regierungen vieler westlicher Staaten propagieren – scheitert. Sogar in Deutschland, dem selbsternannten Vorzeigeland der Energiewende, stoßen die radikalen Einschnitte zunehmend auf den Widerstand der Bürger, denn sie drohen den Wohlstand, den sich unsere Gesellschaft über die letzten Jahrzehnte erarbeitet hat, wieder wegzunehmen. Die teuren Maßnahmen können sich viele hierzulande, ganz zu schweigen von ärmeren Regionen der Erde, nicht leisten.

Der in diesem Buch vorgestellte Plan B gibt der Menschheit mehr Zeit und nimmt die Panik aus dem System. Zwar spielen die gängigen Maßnahmen zur Reduktion der Emissionen teilweise noch eine Rolle, aber sie tun dies auf eine weniger radikale und vor allem auf eine sozial verträglichere Art. Hinzu kommt, dass uns die Existenz der Senken ermöglicht, fossile Energien dort, wo sie sich nur schwer ersetzen lassen, in reduziertem Maß weiter zu verwenden. Ein wichtiger neuer Aspekt im Plan B ist schließlich, dass die Leistung der Senken verstärkt werden kann. Damit kommt eine

Palette an kostengünstigen und sanften Klimaschutzmaßnahmen hinzu, mit denen sich Kohlendioxid im Gigatonnenmaßstab aus der Atmosphäre extrahieren lässt.

Plan B vertritt einen ganzheitlichen Ansatz, denn der Klimawandel ist nicht unser einziges Problem. Die Vereinten Nationen haben sich auf insgesamt 17 Nachhaltigkeitsziele geeinigt, deren Erfüllung die Menschheit anstreben sollte. Darunter finden sich beispielsweise die Bekämpfung von Armut und Hunger, die Bereitstellung von Bildungsmöglichkeiten und Gesundheitsvorsorge sowie die Schaffung von Frieden und Geschlechtergerechtigkeit. Plan B versucht, das Klimaproblem im Einklang mit diesen 17 UN-Nachhaltigkeitszielen zu bewältigen, und bietet eine bürgerfreundliche Version des globalen Klimaschutzes an. Das Buch beschreibt einen ideologieneutralen und ganzheitlichen Ansatz *mit* den Menschen und nicht *gegen* die Menschen. Damit tritt es gegen die Angst und für die Vernunft, gegen die Ideologie und für das kritische Denken ein – und gibt vielleicht Anlass zu ein wenig Optimismus und Lebensfreude.

Für interessierte Leser, die noch tiefer in die Materie eintauchen wollen oder die sich allgemein für die Rätsel der modernen Naturwissenschaft begeistern können, gibt es zahlreiche Inhalte auf der Website gantefoer.ch sowie auf dem YouTube-Kanal *Grenzen des Wissens*.

2 Die Folgen der Erwärmung

Es besteht kein Zweifel: Unsere Erde wird wärmer. Die meisten Wetterstationen auf der Welt zeigen über die letzten 50 Jahre eine Erwärmung um mehr als 1 Grad Celsius. Aus den einzelnen Messungen lässt sich ein globaler Mittelwert errechnen; reiht man diesen für alle Jahre aneinander, ergibt sich die berühmte Kurve des Anstiegs der globalen Mitteltemperatur, dargestellt in Abbildung 1. Gegenüber dem vorindustriellen Wert beträgt die Erwärmung bisher ungefähr 1,3 Grad.

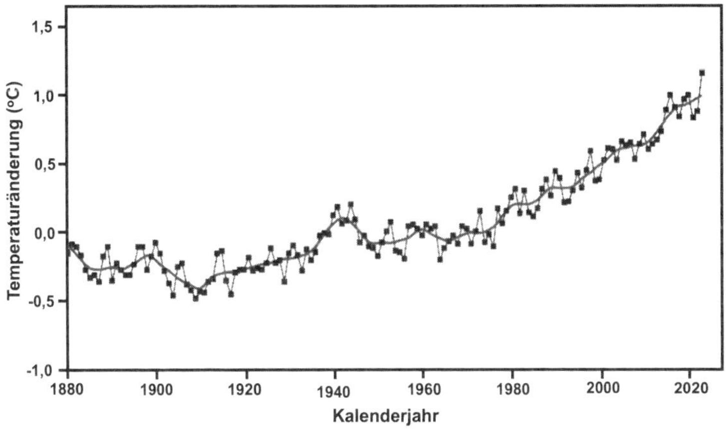

Abbildung 1: Zunahme der globalen mittleren Temperatur seit 1880.[1]

Heftige Klimaschwankungen sind in der Erdvergangenheit nicht selten. So ging die letzte Eiszeit vor etwa 10 000 Jahren zu Ende. Darauf folgte eine Zwischeneiszeit, das sogenannte Holozän, in dem wir heute leben. Im Klimaoptimum dieser wärmeren Phase war es fast so warm wie jetzt. Eine Erwärmung um 1 oder 2 Grad ist deshalb erdgeschichtlich gesehen nichts Ungewöhnliches. Den *Homo sapiens* gibt es seit grob 400 000 Jahren; unsere Vorfahren haben also mehrere Zyklen von Eiszeiten und Zwischeneiszeiten erlebt und überlebt. Mitunter war es auch deutlich wärmer als heute. Unser Fortbestehen wird folglich selbst durch eine Erwärmung um mehr als 2 Grad nicht bedroht.

Im Licht der Erdgeschichte und der Entwicklung des Menschen ist die aktuell befürchtete Klimaerwärmung um rund 1,5 oder 2 Grad eher gering. In den Eiszeiten war es bis zu 8 Grad kälter und in der langen Phase des tropischen Klimas bis vor 35 Millionen Jahren um rund 8 Grad heißer. Trotzdem hat die aktuelle Erwärmung, je nachdem, wie stark sie schließlich ausfallen wird, möglicherweise gravierende Folgen. Der Mensch muss versuchen, sie zum einen zu begrenzen und sich zum anderen mit ihren Konsequenzen, die schon jetzt eintreten und sich noch weiter verstärken werden, auseinanderzusetzen. Zwar hat eine moderate Erwärmung unter Umständen einige positive Effekte, diese sind aber gering an der Zahl und stehen vor allem bedrohlichen Entwicklungen gegenüber, auf die es sich vorzubereiten gilt. In den folgenden Abschnitten besprechen wir kurz die bisher messbaren Auswirkungen des Klimawandels und diskutieren die Prognosen der Wissenschaft für die nächsten 100 Jahre.

Hitze

Der in Klimadebatten häufig fallende Begriff »Hitzetote« suggeriert, dass Menschen in heißen Regionen disproportional sterben. Diese Annahme lässt sich überprüfen. In Deutschland liegt die Jahresmitteltemperatur bei etwa 9 Grad, in Singapur und im Niger bei grob 27 Grad; die mittlere Lebenserwartung beträgt hierzulande 79 Jahre, in Singapur jedoch 81 Jahre und im Niger nur 52 Jahre.

Folglich entscheidet nicht die Jahresmitteltemperatur darüber, wie lange die Menschen leben, sondern das Wohlstandsniveau. Im armen Niger sterben sie früh, während sie im reichen Deutschland und Singapur alt werden. Der Begriff »Hitzetote« ist daher falsch. Richtiger wäre, von »Armutstoten« zu sprechen. In vielen Regionen der Welt wird es notwendig werden, sich auf vermehrte und intensivere Hitzeperioden einzustellen. Dazu gehört, die Häuser besser zu isolieren und Klimaanlagen insbesondere für gefährdete Menschen zu installieren. Angesichts der zu erwartenden Hitzeperioden muss zudem Strom bezahlbar bleiben. Teure Energie ist besonders in Zeiten von Hitzewellen unsozial.

Meeresspiegelanstieg

Der Anstieg des Meeresspiegels ist eine der gravierendsten Folgen der Klimaerwärmung. Zurzeit klettert er jedes Jahr um knapp vier Millimeter höher.[2] Die Rate ist in den letzten Jahrzehnten schneller geworden und wird sich vermutlich weiterhin beschleunigen. Seriöse Modellrechnungen sagen in Abhängigkeit von der Entwicklung der globalen Treibhausgasemissionen einen Anstieg zwischen 50 und 90 Zentimeter bis ins Jahr 2100 vorher.[3] Doch das ist ein Problem, das sich mit entsprechenden technischen Maßnahmen lösen lässt. Selbst Küstenländer wie die Niederlande oder Bangladesch können dem Anstieg zum Beispiel mit Deichen begegnen. Eine Planung über einen Zeitraum von 100 Jahren hinaus ergibt wenig Sinn, denn bis dahin wird sich die Welt weiter verändert haben. Das Öl geht irgendwann zur Neige, ähnlich sieht es beim Erdgas aus. Vielleicht hat die Menschheit bis dahin das Klimaproblem in den Griff bekommen. Für die unmittelbare Zukunft ist der Meeresspiegelanstieg jedenfalls ein überschaubares Problem.

Stürme

Die Zahl der Stürme, Zyklone und Hurrikans hat global weder ab- noch zugenommen, sondern ist innerhalb der Schwankungsbreite ziemlich konstant.[4] Das Gleiche gilt für die Gesamtenergie aller Stürme, ein Maß für ihre mittlere Stärke. In einzelnen Regionen wie etwa im Nordatlantik sind Hurrikans messbar häufiger geworden, aber in anderen Regionen der Welt wie beispielsweise im Pazifik dafür konstant geblieben oder sogar weniger geworden. In der Summe hat sich die Zahl und Stärke der Stürme weltweit also bisher nicht messbar verändert. Der Grund dafür liegt in der Natur der Sache: Wind entsteht durch Temperaturunterschiede, nicht durch eine gleichmäßige Temperaturzunahme. Infolge der globalen Erwärmung sinkt die Differenz zwischen den hohen Breiten, die sich relativ stark aufheizen, und den tropischen Regionen. Daher ist es sogar möglich, dass die Zahl und Stärke der Stürme mit weiter fortschreitender Erwärmung abnimmt. Umgekehrt war die Sturmaktivität in der Hochphase der Eiszeiten außergewöhnlich ausgeprägt.[5]

Neben den großräumigen Stürmen gibt es auch lokale Varianten wie Tornados, die anderen Gesetzmäßigkeiten unterliegen. Ihre Häufigkeit hat bis 1990 stark zugenommen, scheint sich aber seither auf einem hohen Niveau stabilisiert zu haben.[6] Solche Wirbelstürme richten erhebliche Zerstörungen an, insbesondere in Wohngebieten mit vielen Holzbauten. Angesichts der fortschreitenden Erwärmung müssen daher die Bauvorschriften in den Regionen, in denen es öfter zu Tornados kommt, der Notwendigkeit stabilerer Gebäude angepasst werden.

Dürren

Das Leben auf den Kontinenten ist darauf angewiesen, dass der Wind die Feuchtigkeit vom Meer ins Landesinnere transportiert. Tut er das nicht, setzen zunächst Dürren ein und über kurz oder lang wird das Land zur Wüste. So geschah es vor rund 3000 Jahren in der Sahara. Vorher war die Region eine Feuchtsavanne mit Flüssen, Seen und Wäldern. Aber durch kleine Schwankungen der Erdbahnparameter änderten sich die Strömungsmuster und der Monsun trieb die Regenwolken nicht mehr weit genug in das Innere Nordafrikas hinein.

Aufgrund des menschengemachten Klimawandels kommt es nun in bestimmten Regionen zu vermehrten Dürren, obwohl in einem wärmeren Klima die Erde generell feuchter wird. Denn mehr Hitze bedeutet, dass mehr Wasser in den Ozeanen verdampft. Trotzdem führt eine globale Erwärmung nicht überall zu einem feuchteren Klima; vielmehr verschieben sich die Klimazonen der Erde zu höheren Breiten. Das betrifft auch den Wüstengürtel am nördlichen Wendekreis, zu dem die Sahara gehört. Im Sommer der Nordhalbkugel geraten nun Teile Südeuropas in diese Klimazone, wodurch es möglicherweise lange Monate nicht regnet. In der Folge kommt es zu Waldbränden in Portugal, Spanien, Südfrankreich, Italien und Griechenland. Im Winter regnet es dann zwar wieder ausreichend, aber im Sommer besteht zunehmend die Gefahr von Dürren. Der Südwesten der USA, also Kalifornien und die umliegenden Bundesländer, leidet unter dem gleichen Phänomen wie Südeuropa. Die Menschen in diesen Regionen müssen sich auf die Klimaveränderung einstellen und mit dem Wasser haushalten, auch angesichts der strukturellen Tatsache, dass die Landwirtschaft dort ein wichtiger Wirtschaftszweig ist.

Starkregen

Ähnlich einem Gewitter handelt es sich bei Starkregen um ein lokales Phänomen, das sich kaum exakt vorhersagen lässt. Es kann nur eine generelle Wahrscheinlichkeit angegeben werden, aber keine konkrete Warnung für eine Region oder gar einen Ort. Die Chance, dass ein solches Ereignis eintritt, steigt mit der Menge an feuchter

Luft in der Atmosphäre und damit auch mit der globalen mittleren Temperatur. Zuverlässige Statistiken über die bisherige Zunahme von Starkregen sind kaum zu finden. Hierzulande zeichnet der Deutsche Wetterdienst erst seit 2009 die Anzahl der Ereignisse auf; man meldet dort einen Zuwachs von 450 auf 600 Fälle binnen zehn Jahren.[7] Der Bundesverband der Versicherer publizierte eine Grafik der Starkregenereignisse in Deutschland über den Zeitraum von 2011 bis 2018 und auch darin deutet sich eine Steigerung an.[8] Allerdings schwankt die Zahl von Jahr zu Jahr stark und es lässt sich über diesen kurzen Zeitraum keine belastbare Aussage aus den Daten extrahieren. Der Weltklimarat (IPCC) sagt in seinem Sechsten Sachstandsbericht aus dem Jahr 2021 eine Zunahme der Wahrscheinlichkeit von Starkregenereignissen um 10 Prozent vorher, wenn die globale Mitteltemperatur um 1,5 Grad ansteigt; erreicht sie 2 Grad, erhöht sich die Wahrscheinlichkeit sogar um 15 Prozent. Damit entspricht der zu beobachtende Zuwachs von Starkregen in etwa dem erwarteten Zuwachs an generellem Niederschlag.

Die Folgen solcher Ereignisse fallen umso dramatischer aus, je enger die Flusstäler bebaut und je stärker die Böden versiegelt sind. Durch die Zunahme der Bevölkerung ist immer weniger Platz für Überflutungsflächen und renaturierte Bachläufe vorhanden. Auch angesichts dieser Klimaveränderung müssen die Menschen zwingend ihr Verhalten anpassen.

Gletscherschmelze

Die Ausdehnung der Alpengletscher variiert stark mit der globalen Mitteltemperatur. Im Augenblick schrumpfen sie aufgrund der Erwärmung jedes Jahr um einige Meter. Es ist möglich, anhand verschiedener Indizien zu ermitteln, wie ausgedehnt ein Gletscher in der Vergangenheit war. Zum Beispiel drangen die Alpengletscher in der kleinen Eiszeit, die 200 bis 300 Jahre zurückliegt, massiv in die Täler vor. Die Glaziologie, so heißt der wissenschaftliche Zweig, der sich mit Eis und Schnee sowie ihren Ausformungen beschäftigt, kann die historische Ausdehnung der Gletscher recht genau rekonstruieren. So zeigt Abbildung 2 zum Beispiel, dass die Länge des Aletschgletschers wie eine Ziehharmonika variierte. Im römischen und mittelalterlichen Klimaoptimum war er ein gutes Stück kürzer und zwischendurch wieder deutlich länger. Den glaziologischen Daten zufolge gab es durchaus Temperaturschwankungen in den letzten 3 500 Jahren.

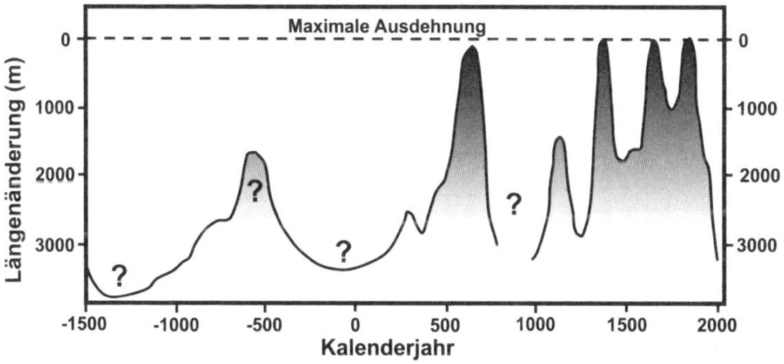

Abbildung 2: Längenvariation des Aletschgletschers seit 1500 vor Christus. Die Fragezeichen stehen für Zeiträume mit unklarer Datenlage.[9]

Vor rund 5 000 Jahren, im Klimaoptimum des Holozäns, herrschten vergleichbare Temperaturen wie heute – und von den Alpengletschern fehlte praktisch jede Spur; ihr Eis war bis zu den Firnfeldern hinauf abgetaut. Dieser Zustand wird in einigen Jahrzehnten aller Wahrscheinlichkeit nach wieder eintreten. Selbst im Fall, dass die Kohlendioxidemissionen der Menschheit jetzt rasch auf null absinken würden, ginge die Erwärmung aufgrund der Trägheit des Klimasystems noch einige Zeit weiter. Deshalb sind die Alpengletscher zwar verloren, aber das ist an sich keine Katastrophe. Wichtig wäre allerdings, dass es nicht noch sehr viel wärmer wird.

Ergrünen der Erde

Die Erwärmung hat auch positive Auswirkungen, zumindest solange sie nicht völlig aus dem Ruder läuft. Aus der Erdvergangenheit ist bekannt, dass die tropischen Phasen, in denen die Pole nicht vereist waren, gute Bedingungen für Flora und Fauna boten. Bevor es vor rund 35 Millionen Jahren zu einer generellen Abkühlung kam, herrschte 200 Millionen Jahre lang überall tropische Wärme. Bei den damals rund 8 Grad höheren Temperaturen florierte das Leben. Das Pflanzenwachstum war während dieser Periode enorm produktiv.

Gehen wir noch weiter zurück in das Erdzeitalter des Karbons, finden wir zwar nur Farne und Riesenschachtelhalme vor, doch auch diese frühen Pflanzen wiesen eine enorme Wachstumsphase auf. Die damals hohe Photosyntheseleistung ließ die CO_2-Konzentration in der Atmosphäre auf niedrige Werte absinken. Parallel dazu stieg der Sauerstoffgehalt auf über 30 Prozent, weit höher als die heutigen gut 20 Prozent. Zu dieser Zeit entstanden viele der großen Kohlelagerstätten, denn bei Kohle handelt es sich um nichts anderes als versteinerte Pflanzenmasse. Die Daten aus der Erdvergangenheit zeigen also, dass Wärme dem Pflanzenwachstum zuträglich ist.

Das ist auch heute wieder so. Mit dem NASA-Satelliten »Modis« wurde in den letzten Jahrzehnten die Blattfläche auf der Erde vermessen. Zwischen 1982 und 2015 hat diese um Werte zwischen 5 und 50 Prozent zugenommen.[10] Der Anstieg der Blattfläche ist ein Indiz für einen Anstieg der Photosyntheseleistung und damit der Kohlendioxid-Absorptionsleistung der Landsenke. Die Zunahme des Pflanzenwachstums hat mehrere Ursachen. Zunächst gibt es einen starken CO_2-Düngeeffekt, der sich in Experimenten in Gewächshäusern nachweisen lässt. Ein zweiter Grund ist, dass sich die Wachstumsperiode verlängert, denn der Frühling kommt früher und der Herbst später. Drittens verschieben sich die Klimazonen; so rückt zum Beispiel die Baumgrenze immer weiter nach

Norden. Viertens wird das Klima erheblich feuchter, weil mehr Wasser aus den Ozeanen verdampft. Fünftens wachsen Pflanzen bei höheren Temperaturen schneller, weil sich ihr Stoffwechsel beschleunigt. Auf diese Punkte kommen wir in Kapitel 12 ausführlich zu sprechen.

Höhere Ernteerträge

Zur Versorgung der noch immer stark wachsenden Weltbevölkerung sind höhere Erträge in der Landwirtschaft unerlässlich. Der Club of Rome hatte 1970 unter der Prämisse, dass der damalige Trend anhalte, schwere Hungersnöte vorhergesagt. Stattdessen erlebte die Landwirtschaft eine grüne Revolution: Die Anbaumethoden wurden verbessert, der Einsatz von Kunstdünger und Schädlingsbekämpfungsmitteln optimiert und neue, ertragreichere Pflanzensorten gezüchtet. Inzwischen kommen auch gentechnische Methoden zum Einsatz, um die Erträge noch weiter zu steigern. Der Erfolg der modernen Landwirtschaft lässt sich anhand der drei wichtigsten Nutzpflanzen Mais, Weizen und Reis gut ablesen. So haben sich die Hektarerträge zum Beispiel bei letzterem zwischen 1969 und 2021 knapp verdoppelt.[11] Bisher ist noch kein schädlicher Einfluss des Klimawandels festzustellen – im Gegenteil ist die globale Erwärmung vermutlich für die Ertragsteigerungen mit verantwortlich.

3 Plan A: Dekarbonisierung

Bisher, Stand September 2024, ist es nicht gelungen, den jährlichen Anstieg der Treibhausgasemissionen zu verlangsamen, geschweige denn zu stoppen oder den Trend sogar umzukehren.[1] Die Medien geben den Gesamtausstoß für gewöhnlich in einer von drei Varianten an. So ist zum Beispiel häufig von einer Zahl um die 50 Gigatonnen, also 50 Milliarden Tonnen, pro Jahr die Rede. Damit sind meistens die »CO_2-äquivalenten« Emissionen gemeint: Man rechnet die Treibhauswirkung der anderen Treibhausgase neben dem Kohlendioxid über einen Gewichtungsfaktor mit ein. Daher ist diese Zahl zwar am größten, die tatsächlichen Mengen beispielsweise an Methan und Lachgas sind aber sehr viel geringer; es handelt sich nur um Millionen und nicht um Milliarden Tonnen. Erst wenn man sie mit ihrer Treibhauswirkung relativ zum Kohlendioxid ins Verhältnis setzt, kommt man auf den »CO_2-äquivalenten« Ausstoß. Die Umrechnungsfaktoren werden mittels Modellrechnungen von der Klimawissenschaft festgelegt und sind weder nachvollziehbar noch überprüfbar. Darauf kommen wir in Kapitel 13 genauer zu sprechen.

Im Gegensatz dazu betreffen die beiden anderen häufig genannten Angaben rein die Menge an Kohlendioxid. Eine der beiden ergibt sich, wenn man nur das CO_2 betrachtet, das bei der Verbrennung von Kohle, Gas und Öl frei wird. Dabei handelt es sich um die energiebedingten Emissionen, die heute bei rund 37 Gigatonnen jährlich liegen. Die Gesamtmenge des durch die menschlichen Aktivitäten pro Jahr ausgestoßenen Kohlendioxids, die dritte Variante, ist aber größer, da das Treibhausgas auch durch die Landnutzung freigesetzt wird. Darunter fallen zum Beispiel die Abholzung der Wälder und die Landwirtschaft. Diese dritte geläufige Angabe beläuft sich auf über 40 Gigatonnen jährlich. Zusätzlich gilt es zu beachten, dass die drei Zahlen je nach Quelle voneinander abweichen. Dazu mehr in Kapitel 10.

Die energiebedingten Emissionen sind seit der Industrialisierung praktisch jedes Jahr angestiegen, einzig die Pandemie hat für kurze Zeit zu einem Rückgang geführt.[2] Problematisch bei der Datenerhebung ist jedoch, dass der Ausstoß eines Landes nicht unabhängig gemessen werden kann. Ein gewisses Maß an Kontrolle ermöglicht ein Vergleich der Emissionen mit den Förder- und Importmengen an Kohle, Öl und Gas.[3] Demnach leistet den größten Beitrag China mit 11,4 Gigatonnen, gefolgt von den USA mit 5,1 und der EU mit 3,1 Gigatonnen. Einzelne Länder mit hohen Emissionen sind zudem Indien mit 2,8 Gigatonnen, Russland mit 1,7, Japan mit 1,1, der Iran mit 0,7 und schließlich Deutschland mit ebenfalls 0,7 Gigatonnen. Das sind zusammen etwa 25 Milliarden Tonnen, der Rest ergibt sich aus den Beiträgen vieler kleinerer Staaten. Selbst wenn also in den USA und der EU die Emissionen schlagartig auf null fielen, wäre das Klimaproblem dadurch kaum gelöst. Durch die absehbare Zunahme in Schwellenländern wie Indien, die noch einiges an Industrialisierung aufzuholen haben, würde diese Reduktion rasch wieder ausgeglichen werden. Das zeigt, dass eine Dekarbonisierung in einzelnen Industriestaaten wie Deutschland oder der Schweiz das Problem nicht löst, sondern allenfalls um ein paar Monate verzögert.

Eine weitere Komplikation bei dem Versuch, den Ausstoß zu reduzieren, stellt die Vielzahl der Kohlendioxidquellen dar. Mit dem Umstieg auf Elektromobilität und auf die Stromerzeugung aus Sonne und Wind ist es nicht getan. Treibhausgase werden bei unzähligen menschlichen Aktivitäten frei. In der Summe betrugen die CO_2-äquivalenten Emissionen an Kohlendioxid, Methan, Lachgas und fluorierten Verbindungen im Jahr 2020 47,5 Gigatonnen.[4] Der Verkehr macht global 14,9 Prozent davon aus: 12 Prozent auf der

Straße, 1,7 auf dem Meer und 1,2 Prozent in der Luft. Selbst ein kompletter Umstieg des Individual- und Lastenverkehrs auf Batteriebetrieb würde also kaum ins Gewicht fallen. Dazu kommt die Unsicherheit, ob sich in absehbarer Zeit genug Batterien für so viele Elektrofahrzeuge fertigen lassen und ob es genug Strom gibt, um die fossilen Energien im Verkehr zu ersetzen. Der Beitrag des Flugverkehrs liegt bei 1,2 Prozent; in anderen Studien ist von 1,8 Prozent die Rede – gemessen an der Aufmerksamkeit, die man dem Thema in der öffentlichen Debatte zollt, sind jedoch beide Zahlen erstaunlich gering. Global komplett auf das Fliegen zu verzichten, würde den Klimawandel um weniger als ein Jahr verzögern.

Ein relativ großer Anteil stammt von den Gebäuden. Wohn- und Geschäftsgebäude zeichnen jeweils für 11,5 und 6,7 Prozent, zusammen also für 18,2 Prozent der Emissionen verantwortlich. Daher ist es ohne Frage sinnvoll, in die Gebäudeisolierung zu investieren. Leider sind dafür oft enorme Summen vonnöten, insbesondere bei Altbauten. Der gesetzlich regulierte Klimaschutz sollte sich entsprechend zunächst auf Neubauten konzentrieren, um soziale Härten zu vermeiden.

Der Beitrag der Industrie liegt bei 21,2 Prozent, also in einer ähnlichen Größenordnung wie der Transport oder die Gebäude. Die Branche hat in den Staaten mit hohen Energiepreisen bereits die meisten der wirtschaftlich sinnvollen Einsparmaßnahmen umgesetzt. Eine weitere Reduktion des Ausstoßes gestaltet sich hier zunehmend schwieriger. Wird sie mit ideologischer Härte erzwungen, kommt es zur Deindustrialisierung und letztlich zur Verarmung des betroffenen Landes.

Die Methanemissionen trugen 2020 mit etwa 18 Prozent zur Klimaerwärmung bei. Dieser Anteil variiert ebenfalls je nach Quelle. Ohnehin handelt es sich dabei um einen rein theoretischen Wert, der nicht experimentell überprüft werden kann. Der anthropogene, also menschengemachte Ausstoß an Methan entstammt hauptsächlich vier Quellen: der Landwirtschaft, der Viehhaltung, der Förderung und Verarbeitung der fossilen Energieträger sowie aus

Mülldeponien; dazu kommen noch beträchtliche Emissionen aus natürlichen Quellen. Die ab und an in den Medien diskutierte Forderung nach einer veganen Ernährungsweise betrifft den Beitrag der Viehhaltung zur Klimaerwärmung, der etwa 6 Prozent ausmacht. Wie in Kapitel 13 gezeigt wird, gibt es jedoch für diese Angaben keine solide Datengrundlage. Die Anteile der verschiedenen Quellen der Methanemissionen sind bei Weitem nicht hinreichend bekannt, als dass es möglich wäre, den wirklichen Beitrag der Viehhaltung auch nur annähernd zu bestimmen.

Die Treibhausgase stammen aus einer Vielzahl und Vielfalt an Einzelquellen, was eine umfassende Reduktion schwierig und teuer macht. Weiterhin sind die Quellen über etliche Länder mit unterschiedlichen politischen Systemen und unterschiedlichen Lebensstandards verteilt. Angesichts dieser Realität wäre es wohl schon ein großer Erfolg, würden die Emissionen nicht noch weiter ansteigen. Entsprechend ist die in Plan A enthaltene Forderung nach einer Reduktion des Ausstoßes auf null realitätsfern. Selbst die von Plan B vorgeschlagene Halbierung stellt eine extreme Herausforderung für die Weltgemeinschaft dar. Aber das Ziel einer Eindämmung der Klimaerwärmung auf erträgliche Werte erscheint dadurch immerhin erreichbar.

Ein interessanter Testfall war die Corona-Pandemie, als das Virus die Mobilität großflächig einschränkte: Die Flugzeuge blieben am Boden und die Pendlerströme kamen zum Erliegen; die Straßen waren leer gefegt und die Menschen wochen- und monatelang zu Hause eingesperrt. Aber selbst all das hat den Anstieg der CO_2-Konzentration in der Atmosphäre global betrachtet nicht messbar abgebremst. Der Bevölkerung noch härtere Einschränkungen aufzubürden als während der Pandemie ist nicht vorstellbar. Das bedeutet, dass man dem Klimaproblem mit drakonischen Verboten nicht beikommen kann – es muss einen anderen Weg geben. Davon handelt dieses Buch.

4 Bevölkerung und Armut

Mehr Menschen verursachen mehr Treibhausgasemissionen. Deshalb ist es für den Klima- und Umweltschutz unerlässlich, dass sich die Weltbevölkerung langfristig stabilisiert. Die zuständige Abteilung der UN prognostiziert derzeit einen weiteren, sich jedoch stetig verlangsamenden Anstieg bis zum Jahr 2100.[5] Man rechnet damit, dass sich im darauffolgenden Jahrhundert die Zahl der Menschen auf der Erde zwischen zehn und elf Milliarden einpendelt. Das ist eine optimistische Vorhersage, denn zurzeit steigt sie nach wie vor linear um etwa eine Milliarde alle zwölf Jahre. Die Bevölkerung wächst hauptsächlich in den ärmsten Regionen der Erde, vor allem in den Ländern südlich der Sahara. Bis 2050 wird sich die Zahl der Menschen dort auf zwei Milliarden knapp verdoppeln, bis 2100 sogar noch einmal auf vier Milliarden. Das verheißt große soziale Probleme und einen hohen Migrationsdruck. In allen anderen Regionen der Erde wird sich das Wachstum abschwächen und in einigen Fällen auch stabilisieren. In den Industrieländern würde die Bevölkerung ohne Migration heute bereits schrumpfen.

Es gibt verschiedene soziale Faktoren, die die Menschen veranlassen, aus eigenem Antrieb heraus weniger Kinder zu bekommen. Ein Punkt wäre ein funktionierendes Rentensystem, denn in bäuerlichen Gemeinschaften spielt der Nachwuchs eine wichtige Rolle als Versorger der älteren Generation, die nicht mehr arbeiten kann. Ein weiterer entscheidender Faktor ist der Zugang zu Mitteln der Familienplanung. Zudem sinken die Geburtenraten, wenn ein Staat den Übergang von einer Agrar- hin zu einer Dienstleistungsgesellschaft vollzieht, in der Bildung eine größere Bedeutung zukommt. Gewichtig ist ebenfalls die Gleichberechtigung der Frau, denn in patriarchalen Strukturen hat sie keine andere Aufgabe, als möglichst viele Kinder zu bekommen. All diese Faktoren hängen direkt oder indirekt mit dem Wohlstand einer Gesellschaft zusammen. Das Ergebnis ist, wie Abbildung 3 zeigt, eine starke Korrelation zwischen dem Bruttoinlandsprodukt pro Kopf und der mittleren Geburtenzahl. Dabei handelt es sich um einen Schwellenprozess: Steigt der Wohlstand auf etwa ein Zehntel des Niveaus der Industriestaaten, sinkt die Geburtenrate aufgrund der genannten Faktoren auf unter drei Kinder pro Frau und damit auf einen für die Erde verträglichen Wert. Die Erhaltungsrate liegt zwar nur bei knapp über zwei Kindern pro Frau, aber da die Bevölkerung in einigen Ländern schrumpft, würde ein etwas höherer Wert die Bevölkerung im globalen Mittel stabilisieren.

Die Kreise in der Abbildung stehen für die Länder der Erde. Im Laufe der Zeit wandern die meisten von ihnen entlang der grauen

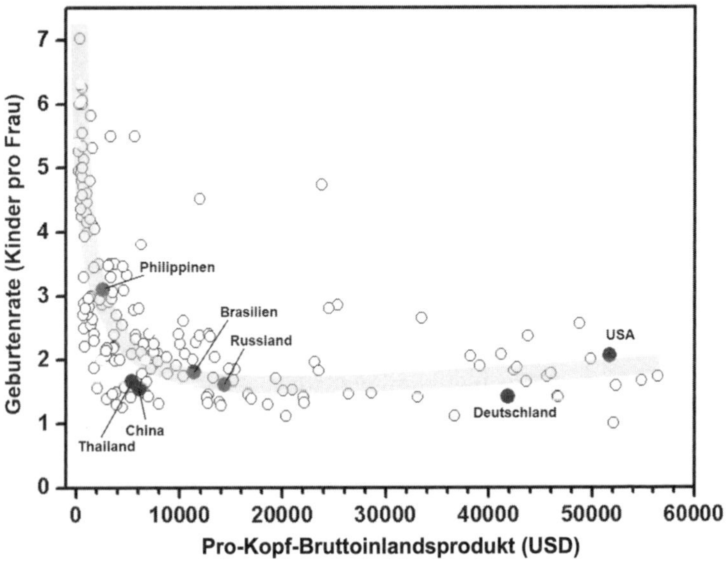

Abbildung 3: Korrelation zwischen Geburtenrate und Wohlstand; Daten aus dem Jahr 2018.

Linie von links nach rechts in die Zone höheren Wohlstands. Viele Staaten haben es in den letzten Jahrzehnten zu einem mittleren Wohlstandsniveau gebracht, weshalb sich das globale Bevölkerungswachstum langsam abschwächt. Entwicklungshilfe ist also Klimaschutz – zumindest indirekt. Dieser Prozess muss weitergehen, eingedenk der Tatsache, dass er auf einem Wachstum der Weltwirtschaft fußt. Da die Wirtschaftssysteme der einzelnen Länder durch die Globalisierung eng miteinander verknüpft sind, wäre ein einseitiges, vorsätzliches Schrumpfen der reichen Volkswirtschaften fahrlässig. Diese Überlegung zeigt, dass nur ein ganzheitlicher Ansatz vor dem Hintergrund der 17 UN-Nachhaltigkeitsziele die Grundlage eines sinnvollen Klimaschutzes sein kann.

Doch Wirtschaftswachstum basiert auf dem Zugang zu günstiger Energie. Sie muss auch erschwinglich für die Menschen sein, die nicht mehr als ein paar Euro am Tag zur Verfügung haben. Klimaschutzmaßnahmen, die nicht bloß auf die reichen Industrieländer beschränkt sein sollen, haben diese harte Randbedingung der Bezahlbarkeit zu erfüllen.

5 Kohle, Öl, Gas und Uran

Die Zahl der Energiequellen, die im benötigten Gigawattbereich Energie liefern können, ist sehr überschaubar: Da wären zunächst die vier klassischen Energieträger Kohle, Öl, Gas und Uran, die nach wie vor rund 80 Prozent des weltweiten Bedarfs decken.[1] Im Bereich der erneuerbaren Energien sind es ebenfalls nur vier Quellen, die in der Lage sind, nennenswert zur Versorgung einer Volkswirtschaft beizutragen: Sonne, Wind, Wasser und Biomasse. Deren Anteil wächst zwar stark, aber dieses Wachstum führt nicht zu einer Abnahme des Verbrauchs der fossilen Energieträger – sie werden nicht ersetzt, sondern ergänzt. Dabei schafft es der Ausbau der Erneuerbaren weltweit nicht einmal, den jährlichen Bedarfszuwachs abzudecken. Der Konsum an Erdöl und Erdgas steigt also unbeeindruckt weiter an.

Immerhin stagniert der Verbrauch von Kohle seit Jahren. Das liegt hauptsächlich an einem weltweiten Umstieg auf Erdgas in der Stromerzeugung. Der Beitrag der Kernenergie rangiert dagegen seit Jahrzehnten konstant im Bereich einstelliger Prozente. Es ist aber damit zu rechnen, dass dieser in naher Zukunft ansteigt, da viele Länder der Welt in der Kernenergie eine wichtige Schlüsseltechnologie zu Lösung des Klimaproblems sehen. Sie ist grundlastfähig, preiswert und leistungsstark – jedenfalls in der Wahrnehmung der internationalen Gemeinschaft. Vorerst wird der wachsende Verbrauch an Elektrizität durch Erdgas und in geringerem Maß durch Wasserkraft und Wind gedeckt. Die anderen Erneuerbaren tragen nur marginal zur Energieversorgung bei.

Seit Jahrzehnten hört man die Aussage, dass die fossilen Energieträger, einschließlich des Urans, demnächst verbraucht sein würden. Aber selbst das Erdöl wird noch viele Jahrzehnte lang reichen.[2] Allein im venezolanischen Orinoco-Becken gibt es ein Vorkommen, das rein rechnerisch die Versorgung der Welt für 100 Jahre sichern könnte; das Gleiche gilt für den Ölsand in Kanada. In beiden Fällen sind Förderung und Verarbeitung mit großen Umweltproblemen verbunden, aber im Prinzip gibt es noch für mindestens 200 Jahre Erdöl. Das Erdgas wird sogar erheblich länger reichen, seit mit der Fracking-Technologie auch unkonventionelle Lagerstätten ausgebeutet werden können. Rein rechnerisch bleibt uns am längsten jedoch die Kohle erhalten. Man geht von Vorkommen aus, die vielleicht erst in 1000 Jahren erschöpft sein werden.

Der vierte klassische Energieträger im Bunde, Uran, gehört nicht zu den fossilen, sondern ist ein Metall und als solches ein natürlicher Bestandteil der Erdkruste. Seit vielen Jahrzehnten hat man kaum neue Uranquellen erschlossen oder auch nur gesucht, weil es keinen Bedarf gab. Erlebt die Kernenergie ein Revival, müssen wieder Vorkommen erschlossen und geeignete Abbaumethoden entwickelt werden. Neue Reaktortypen können auch den Hauptbestandteil des Urans, das Uran-238, zur Energieerzeugung nutzen, wodurch sich die Vorräte verhundertfachen. Andere in der Entwicklung befindliche Reaktoren nutzen stattdessen Thorium, das noch in rund fünffach größerer Menge als Uran auf der Erde vorhanden ist. In der Zukunft wird es also keinen Mangel an Kernbrennstoffen geben.

6 Die erneuerbaren Energien

Die Pressemitteilungen erwecken den Eindruck, es gäbe neben Kohle, Öl, Gas und Uran eine schier unendliche Vielfalt von Energiequellen: Man spricht von Aufwind, Biomasse, Fusion, Geothermie, Gezeiten, Meereswellen, Osmose, Sonnenenergie, Wind- und Wasserkraft sowie vielen anderen mehr. Allen gemeinsam ist, dass keine Vorräte aus der Erdvergangenheit verbraucht werden.

Die vermeintliche Vielfalt an erneuerbaren Energien täuscht allerdings. Unter ihnen gibt es nur vier, die im Gigawattbereich eine Rolle spielen: Sonne, Wind, Wasser und Biomasse. Die Energiewende nach deutschem Vorbild läuft also auf den Austausch der vier klassischen Energieträger Kohle, Öl, Gas und Uran gegen diese vier erneuerbaren hinaus. Zwischen dem Ansatz hierzulande und den internationalen Konzepten gibt es aber einen auffälligen Unterschied. Viele Länder sehen die Kernenergie als wichtigen Beitrag zum Kampf gegen die Klimaerwärmung, da sie grundlastfähig ist. Genau darin liegt das Hauptproblem bei der Energiewende nach deutschem Vorbild: Die einzigen beiden Erneuerbaren, die bei uns in hinreichendem Maß ausgebaut werden können, sind Sonne und Wind. Ihre Leistung hängt jedoch vom Wetter, von der Tages- und von der Jahreszeit ab. Sonne und Wind eigenen sich zur Versorgung einer modernen Volkswirtschaft nur in Kombination mit zuverlässigeren Energiequellen, die einspringen, wenn es dunkel ist oder der Wind nicht weht. Wasserkraft und Biomasse sind zwar grundlastfähig, aber lassen sich in vielen Ländern aufgrund natürlicher Gegebenheiten kaum noch weiter ausbauen. Der Anbau von Energiepflanzen und der Einsatz von

Holz als Energiequelle sind umstritten, denn der Nutzen für das Klima ist mehr als fragwürdig.

Im Mittelpunkt der Erfolgsstory Energiewende steht die Windenergie. Sie liefert in vielen Ländern einen merklichen Beitrag zur Energieversorgung; zudem ist der Strom laut offiziellen Angaben relativ preiswert – sofern man die Kosten für Backup-Kraftwerke und den Ausbau des Stromnetzes nicht mit einrechnet. Die Windräder werden immer größer und haben inzwischen gigantische Ausmaße erreicht. Für die Menschen, die in diesen Regionen leben, bedeutet der Bau eines Windparks allerdings eine erhebliche Veränderung des Landschaftsbilds und einen Wertverlust für ihre Immobilien. Daher findet man sie eher in ärmeren und strukturschwachen Regionen. Aber gemessen an den Problemen anderer Methoden der Energieerzeugung sind das verkraftbare Nachteile, zumindest aus der Sicht der Bürger, die nicht betroffen sind.

Das Problem der fluktuierenden Einspeisung ist bei der Solarenergie noch gravierender als bei der Windenergie. Auch ihr Ausbau erfreut sich weltweit enormer Wachstumsraten. Trotzdem trägt die Sonne bisher nur geringfügig zur Gesamtversorgung bei. Im Winter liefern die Photovoltaikmodule je nach Region um bis zu einen Faktor 10 weniger Energie als im Sommer. Dieser Jahresgang lässt sich nur mit sehr großen Speichern kompensieren, die die Energieüberschüsse des Sommers in den Winter überführen. Doch Akkus mit Kapazitäten von mehreren Terawattstunden gibt es bisher nicht. Daher macht der Jahresgang die Solarenergie teuer. Deutschland mit seinem extrem hohen Anteil an Strom aus Sonne und Wind hat heute fast den höchsten Strompreis der Welt.[1]

Die Elektrizität macht aber nur einen Bruchteil des Gesamtenergieverbrauchs eines Industrielandes aus. Dazu kommen noch die endlosen Kolonnen auf der Autobahn und der Bedarf der Großindustrie, der bisher hauptsächlich mit Erdgas gedeckt wird. Den Primärenergieverbrauch vollständig auf Sonne und Wind umzustellen, erscheint aus heutiger Sicht technisch kaum machbar und obendrein unbezahlbar. Studien zeigen auch, dass ein globaler

Umstieg auf diese beiden Erneuerbaren aus Mangel an Ressourcen auf Jahrzehnte hinaus nicht machbar sein wird.[2] Es ist also allenfalls denkbar, die Stromversorgung, die nur einen kleinen Teil der gesamten Energieversorgung ausmacht, zu einem gewissen Anteil aus Sonne und Wind zu bestreiten. Dabei müsste aber immer eine ausreichende Menge grundlastfähiger Kraftwerke in Reserve gehalten werden, um an bewölkten, windarmen Tagen »einzuspringen«. Genauer gesagt müssten sie sogar in der Lage sein, das Land im Alleingang zu versorgen. Dann hätte man also zwei unterschiedliche Systeme, die jeweils einzeln in der Lage wären, den gesamten Bedarf zu decken.

Ein kompletter Umstieg auf Sonne und Wind scheint aus all diesen Gründen zumindest aus heutiger Sicht wenig realistisch. Das ist ein Grund dafür, dass der Plan A, der eine Transformation bis 2050 fordert, keine Lösung darstellt. Wir brauchen mehr Zeit und diesen Aufschub liefert Plan B, der in den folgenden Kapiteln näher erläutert wird. Was sollten wir uns von einer solchen Verschnaufpause erhoffen? Eine attraktive Antwort auf die Speicherfrage ist die Umwandlung von Überschussstrom aus Sonne und Wind in einen chemischen Energieträger. So lässt sich elektrische Energie mittels Elektrolyse in Wasserstoff umwandeln. Die Angaben des Wirkungsgrads dieses Prozesses schwanken je nach Quelle zwischen 35 und über 50 Prozent. Benötigt werden Anlagen in der Größenordnung von 100 Megawatt und mehr. Doch die Entwicklung derartiger Energiespeichermethoden, insbesondere wenn sie skalier- und bezahlbar sein sollen, dauert noch an. Aus diesem und anderen Gründen benötigen wir mehr Zeit zur Lösung des Klimaproblems – und das ist das Ziel von Plan B.

7 Der Treibhauseffekt

Wenn die Erde von der Sonne Energie in Form von Sonnenstrahlen empfängt, heizt sie sich auf. Ihre Oberfläche absorbiert einen Großteil des Lichts und wandelt es in Wärme um. Im Laufe der Zeit würde die Temperatur immer weiter steigen, besäße die Erde nicht einen Mechanismus, um die Energie wieder loszuwerden. Das ist die Wärmestrahlung, die auch Infrarotstrahlung genannt wird. Bei ihr handelt es sich um eine elektromagnetische Welle ähnlich den Radiowellen oder dem sichtbaren Licht. Letzteres hat eine Wellenlänge zwischen 400 und 800 Nanometern: Um 450 Nanometer herum erscheint es uns blau, ab 550 grün und ab 700 rot; ab 800 Nanometern können wir das Licht nicht mehr sehen, sondern nur noch fühlen. Diese Strahlung wird als Wärme wahrgenommen, daher der umgangssprachliche Name »Wärmestrahlung« für elektromagnetische Wellen mit Wellenlängen über 800 Nanometern. In der Physik bezeichnet man sie als Infrarotstrahlung.

Jeder warme Körper strahlt Wärme ab und auch die Erde ist keine Ausnahme. Sie sendet rund um die Uhr Wärmestrahlung der verschiedensten Wellenlängen in alle Richtungen des Weltraums aus. Das ist ihr einziger Kühlmechanismus. Damit es auf der Erde nicht dauerhaft wärmer oder immer kälter wird, muss die Energiemenge, die sie in Form von Wärmestrahlung abgibt, genau gleich der Energiemenge sein, die sie von der Sonne empfängt. Dieses Gleichgewicht wird von der Natur sehr genau eingehalten. Die Flüsse sind ungeheuer groß, denn die Erde empfängt über das Jahr so viel Energie von der Sonne, dass sie die Menschheit 10 000 Jahre versorgen könnte; und ebenso viel wird im Verlauf eines Jahres in der Form von Wärmestrahlung wieder ins Weltall abgegeben.

Die Lufthülle der Erde wirkt bei diesem Vorgang ähnlich wie die Glasscheiben eines Treibhauses. Das Besondere an Fensterglas ist, dass es sichtbares Licht, also das Sonnenlicht, ohne nennenswerte Absorption durchlässt. Im Inneren des Treibhauses heizen sich die Oberflächen auf und fangen an, Wärmestrahlung abzugeben. Für diese Infrarotstrahlung sind die Glasscheiben jedoch schlecht durchlässig. Nehmen wir an, dass 100 Prozent der Sonnenstrahlung in das Treibhaus hineinkommen, aber nur 10 Prozent davon wieder nach draußen gelangen. Zunächst verbleibt also die meiste Energie im Inneren und die Temperatur steigt. Dann geben die Oberflächen immer mehr Wärmestrahlung ab, und zwar so lange, bis die 10 Prozent der Strahlungsenergie, die es wieder rausschaffen, genau der Energiemenge entsprechen, die eingestrahlt wird. Je geringer der Prozentsatz an Wärmestrahlung, den die Glasscheiben durchlassen, umso wärmer muss es im Treibhaus werden, damit sich ein solches Gleichgewicht einpendelt.

Hätte die Erde keine Lufthülle oder eine, die nur aus den Hauptgasen Stickstoff und Sauerstoff besteht, könnte auf ihr wahrscheinlich kein Leben existieren, denn dann läge die globale mittlere Temperatur bei minus 18 Grad Celsius und die Ozeane wären fast bis zum Äquator eingefroren. Glücklicherweise, zumindest für Tiere und Pflanzen, gibt es den natürlichen Treibhauseffekt. Durch die Treibhausgase Wasserdampf, Kohlendioxid, Methan und einige weitere Spurengase wird die Atmosphäre ähnlich wie Fensterglas für Wärmestrahlung teilweise undurchlässig. Nur ein Teil der vom Erdboden ausgehenden Strahlung schafft es direkt ins Vakuum des Weltalls. Damit ein Gleichgewicht mit der eingestrahlten Sonnenenergie entstehen kann, muss sich der Erdboden erheblich stärker als auf minus 18 Grad erwärmen. Dieser sendet also viel mehr Wärmestrahlung aus und die Energiemenge des Bruchteils, der ins Weltall gelangt, entspricht dann wieder der eingestrahlten Sonnenenergie. So kommt bei der um 33 Grad höheren Temperatur des

Erdbodens ein neues Gleichgewicht zustande. Wo genau dieses liegt, hängt maßgeblich von der Menge und Zusammensetzung der Klimagase in der Atmosphäre ab.

Alle Klimagase haben gemein, dass sie elektromagnetische Strahlen im Wellenlängenbereich der vom Erdboden abgestrahlten Wärmestrahlung teilweise absorbieren. Dahingehend am stärksten fällt in unserer Atmosphäre der Wasserdampf ins Gewicht. Damit sind nicht die Wolken gemeint, sondern die für uns unsichtbar in der Luft gelöste Form von Wasser – die Luftfeuchtigkeit. Im Mittel über alle Regionen, Tages- und Jahreszeiten trägt der Wasserdampf mit 22 Grad am stärksten zum natürlichen Treibhauseffekt bei; ihm folgen das Kohlendioxid mit 6 Grad und das Methan mit 4 Grad. Die Konzentration der letzteren beiden hat sich seit der Industrialisierung erheblich vergrößert, was den Treibhauseffekt derzeit um 1,2 Grad verstärkt.

Wie kann ein Spurengas wie CO_2 mit einer derart geringen Konzentration von nur 420 ppm – »parts per million«, die Anzahl der Teilchen pro eine Million Luftteilchen –, also weniger als einem halben Promille, ein so großes Problem für die Erde darstellen? Diese verblüffende Wirkung lässt sich mit einem Tropfen Tinte in einem Wasserglas vergleichen. An sich ist die Flüssigkeit für sichtbares Licht transparent. Eine geringe Menge Tinte färbt das Wasser jedoch blau, wodurch es für bestimmte Wellenlängen, hier die Komplementärfarbe Rot, undurchsichtig wird. Kohlendioxid wirkt im Infrarotbereich ähnlich wie ein Tropfen Tinte in klarem Wasser für sichtbares Licht.

Die Wirkung der einzelnen Treibhausgase lässt sich experimentell nachweisen, indem man die wellenlängenabhängige Intensitätsverteilung der von der Erde ins Weltall ausgesandten Wärmestrahlung mit Satelliten vermisst. Das Planck'sche Strahlungsgesetz beschreibt die Form dieses Spektrums als eine glatte Glockenkurve – zumindest in der Theorie. In Wirklichkeit ist das Spektrum der Erde, dargestellt in Abbildung 4, aber nicht glatt, sondern weist charakteristische Einbrüche bei bestimmten Wellenlängen auf, bei denen weniger Leistung als vom Strahlungsgesetz vorhergesagt ankommt. Der auffälligste Knick findet sich in dem Bereich, in dem Kohlendioxid Wärmestrahlung absorbiert. Die Messung liefert also einen Beleg dafür, dass CO_2 tatsächlich die Abstrahlung der Wärme vom Erdboden ins Weltall in bestimmen Wellenlängenbereichen blockiert und dadurch einen erheblichen Beitrag zum Treibhauseffekt leistet.

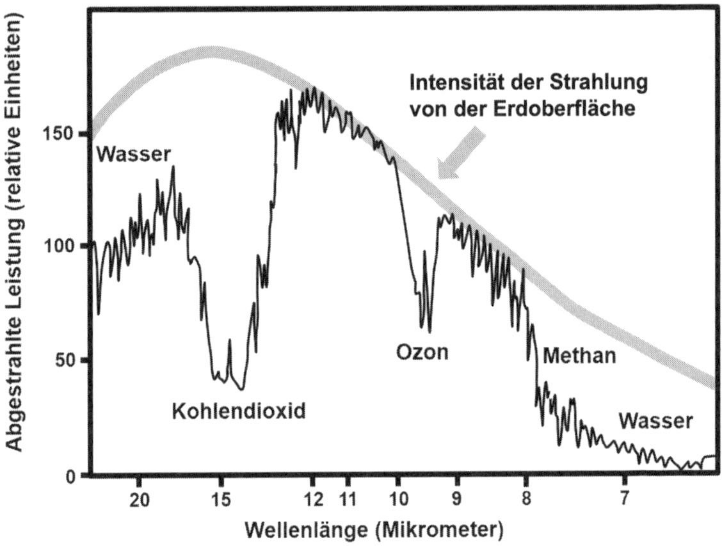

Abbildung 4: Infrarotspektrum der Erde vom Weltraum aus gemessen. In den Bereichen, in denen die Treibhausgase absorbieren, ist die Intensität verringert.[1]

Ein bisweilen vorgebrachtes Argument gegen den menschengemachten Klimawandel betrifft die Sättigung der Absorption. Damit ist gemeint, dass die Wahrscheinlichkeit, der zufolge ein Infrarotphoton, also ein Lichtteilchen, auf seinem Weg durch die Atmosphäre blockiert wird, 100 Prozent erreicht – zumindest in dem Wellenlängenbereich um 15 Mikrometer, in dem das Kohlendioxid absorbiert. Der Argumentation nach hätte eine weitere Steigerung der CO_2-Konzentration ab einem gewissen Punkt keine weitere Erwärmung mehr zur Folge, weil bereits alle Strahlung aufgenommen wird. Doch damit greift sie zu kurz: Wird ein Photon beispielsweise auf halber Höhe absorbiert, erwärmt seine Energie die dortige Luftschicht, die nun ihrerseits Wärmestrahlung abgibt, und zwar grob genähert zur Hälfte nach oben und zur Hälfte nach unten. Das bedeutet, dass auch bei einer Wahrscheinlichkeit von 100 Prozent trotzdem noch ein Teil der Wärmeenergie über Mehrfach-Absorptions- und Re-Emissions-Prozesse ins Weltall gelangt. Eine weitere Zunahme der CO_2-Konzentration in der Atmosphäre hat dann zwar nicht mehr denselben Effekt wie bei geringeren Werten, aber es wird trotzdem noch wärmer.

Wie stark sich die Erde dabei aufheizt, ist schwer zu bestimmen. Einen Richtwert liefert die sogenannte Klimasensitivität. Sie gibt an, um wie viel es wärmer wird, wenn sich die CO_2-Konzentration gegenüber dem vorindustriellen Wert von 280 ppm verdoppelt. Stand 2024, liegt diese bei 420 ppm und steigt jedes Jahr um rund 2,4 ppm. Wir erreichen den doppelten Wert von 560 ppm also in knapp 60 Jahren, wenn sich der Trend weiter fortsetzt. Die Berechnung der Klimasensitivität erfordert hochkomplizierte Computermodelle, die nur auf Höchstleistungsrechnern laufen. Trotz des enormen Rechenaufwandes weist das Ergebnis eine hohe Unsicherheit auf. Zurzeit liegt der Wert der Klimasensitivität bei 3 Grad, mit einem Schwankungsbereich zwischen 2 und 4 Grad. Es könnte also bei einer Verdopplung der CO_2-Konzentration auf 560 ppm entweder nur um 2 Grad wärmer werden, was nicht so schlimm wäre, oder um 4 Grad, was tiefgreifende negative Folgen hätte. Die genauen Auswirkungen kennen wir daher nicht, der wahrscheinlichste Wert liegt jedoch bei 3 Grad.

Die Klimasensitivität, so wie sie eben beschrieben wurde, heißt wissenschaftlich korrekt transiente Klimasensitivität. Sie entspricht der mittleren Temperatur, die die Erde bei 560 ppm an Kohlendioxid in der Atmosphäre erreichen wird. Daneben gibt es noch die adiabatische Klimasensitivität. Selbst wenn die CO_2-Konzentration nach Erreichen der 560 ppm konstant bleibt, wird es trotzdem weiter wärmer, denn das Klimasystem ist träge und es dauert Jahrhunderte, bis sich ein neues Gleichgewicht stabilisiert. Ein Grund besteht zum Beispiel darin, dass sich die Meere nur sehr langsam aufheizen. Wie warm es langfristig wird, beschreibt die adiabatische Klimasensitivität. Ihr Wert liegt mit 4 Grad erheblich höher und auch hier gibt es einen großen Unsicherheitsbereich von 1,5 Grad in beide Richtungen. Diese Temperatur wird allerdings erst nach vielen Jahrzehnten oder gar Jahrhunderten erreicht und spielt daher in der öffentlichen Debatte kaum eine Rolle.

Die Berechnung der zukünftigen Temperaturentwicklung ist deshalb so schwierig, weil im Klimasystem zahlreiche positive Rückkopplungen stattfinden; also Folgen der Klimaerwärmung, die es ihrerseits noch wärmer werden lassen. Eine der beiden wichtigsten ist der Wasserdampf, dessen Konzentration mit der mittleren Temperatur erheblich zunimmt und damit den Treibhauseffekt weiter verstärkt. Die zweite ist die Schneebedeckung: In einem wärmeren Klima gibt es weniger Schnee, wodurch die Erde dunkler wird und mehr Energie aus der Sonnenstrahlung absorbiert. Glücklicherweise zieht sich diese positive Rückkopplung nicht ins Unendliche, weil ihr eine starke negative Rückkopplung gegenübersteht, die eine extreme Erhitzung verhindert. Das ist das Stefan-Boltzmann-Gesetz: Die vom Erdboden abgegebene Wärmestrahlung wächst mit der vierten Potenz der Temperatur. Übersetzt bedeutet das: Wenn es nur ein wenig wärmer wird, nimmt die vom Erdboden ausgehende Wärmestrahlung dramatisch zu, aber dann gelangt gleichzeitig auch mehr von ihr ins Weltall und das kühlt die Erde. Dieser Zusammenhang dämpft Temperaturschwankungen also. Neben Wasserdampf und Schneebedeckung existieren noch weitere Rückkopplungen in beide Richtungen, die die Berechnungen der zukünftigen Klimaentwicklung zusätzlich verkomplizieren. Wir gehen im Folgenden aus praktischen Gründen von den oben genannten rund 3 Grad an transienter Erwärmung bei einer Verdopplung der vorindustriellen CO_2-Konzentration aus. Grundsätzlich ist jedoch die zukünftige Entwicklung des Klimasystems nur sehr schwer zu bestimmen – es könnte schlimmer, aber auch weniger schlimm kommen.

Wie bereits erwähnt, liefert der Wasserdampf den weitaus stärksten Beitrag zum Treibhauseffekt. Daher könnte man meinen, dass dessen Konzentration maßgeblich ist und das Kohlendioxid nur eine sekundäre Rolle spielt. Aber das stimmt nicht. Die Menge an Wasserdampf in der Atmosphäre befindet sich immer im Gleichgewicht mit den Ozeanen und hängt von der globalen mittleren Temperatur ab. Ändert sich diese aus irgendeinem Grund, steigt oder fällt die Konzentration entsprechend. Der Wasserdampf wirkt lediglich als positive Rückkopplung, also als Verstärker. Deshalb ist das Kohlendioxid das wichtigste Treibhausgas, denn es verursacht durch seine Präsenz in der Atmosphäre eigenständig und direkt Temperatursteigerungen. Dabei wirkt es so stark, dass Klimamodelle bei einer hypothetischen CO_2-Konzentration von null ein Einfrieren der Erde prognostizieren. Würde man heute sämtliches Kohlendioxid aus der Atmosphäre entfernen, käme der Treibhauseffekt nach zwei bis drei Jahrzehnten fast komplett zum Erliegen und es wäre rasch mit minus 18 Grad bitterkalt.

Auf der Erde gäbe es ohne CO_2 kein Leben: Die Pflanzen brauchen das Gas für die Photosynthese und die Tiere brauchen die Pflanzen direkt oder indirekt als Nahrung. Es kommt auf die richtige Konzentration an: zu wenig und es ist zu kalt, zu viel und es ist zu warm. Eine Untergrenze wurde während der letzten Eiszeiten erreicht, als sich etwa 160 ppm an Kohlendioxid in der Atmosphäre befanden. Bei einem so niedrigen Wert kämpfen viele Pflanzen um ihr Überleben. Eine Obergrenze, die besser nicht überschritten werden sollte, sind 500 ppm, was einer Erwärmung um 2 Grad entspricht. Vielleicht sind 350 ppm als Mitte zwischen diesen Extremen langfristig kein so schlechter Wert: Dann wäre es ein wenig wärmer als in der vorindustriellen Zeit mit ihren sehr kalten Wintern und die Pflanzen könnten gut gedeihen.

9 Kohlendioxid

Es dürfte bereits klar geworden sein, dass es bei der Klimafrage hauptsächlich um ein einziges Gas, das Kohlendioxid, geht. Dieses wird bei der Verbrennung aller kohlenstoffhaltigen Materialien frei. Dazu gehören vor allem Kohle, Öl und Gas, die fossilen Energieträger, deren Name daher rührt, dass sie in der Erdvergangenheit aus den Überresten abgestorbener Lebewesen entstanden sind. Irgendwann werden diese Vorräte zwar verbraucht sein, doch damit ist, auch das haben wir schon diskutiert, in absehbarer Zukunft nicht zu rechnen. Kohle kann vielerorts in gigantischen Mengen mit Baggern im Tagebau gewonnen werden; Erdöl und Erdgas sprudeln oder strömen, sofern angebohrt, fast von selbst aus dem Boden. Ihr billiger Preis und die schiere Menge an Energie, die sie liefern, waren die Basis der Industrialisierung und damit des Wohlstands der westlichen Welt. Das Prinzip ist verallgemeinerbar: Hohen Lebensstandards liegt stets die reichliche Verfügbarkeit günstiger Energie zugrunde.

Man hört zwar immer wieder, Sonne und Wind würden keine Rechnung schicken, aber die Betreiber der Solar- und Windparks tun dies durchaus. Auch der notwendige Netzausbau und das Vorhalten von Reservekraftwerken, wenn sie wegen Wolken und Windstille einmal nicht liefern, sind nicht umsonst. Die Umstellung auf erneuerbare Energie kostet Geld – und zwar viel.

Dekarbonisierung, also der Ausstieg aus Kohle, Öl und Gas, bedeutet einen mächtigen Umbau der Gesellschaft. In der Realität geht damit ein permanenter Mangel an Energie und in Konsequenz eine drastische Verteuerung einher. Kohlendioxid ist folglich eng mit dem Wohlstand eines Landes verknüpft. Daher lohnt es sich, den »Kohlenstoffkreislauf«, der die anthropogenen und natürlichen Quellen und Senken dieses Gases umfasst, genauer zu betrachten.[1] Methan gehört ebenfalls dazu, doch darauf kommen wir gesondert in Kapitel 13 zu sprechen. Im Folgenden berufen wir uns auf die Darstellung, die sich im Sechsten Sachstandsbericht des Weltklimarats findet.

Warum ist Kohlendioxid ein Klimagas und Stickstoff und Sauerstoff, die zusammen rund 99 Prozent der Atmosphäre ausmachen, nicht? Um diese Frage zu beantworten, müssen wir uns die Struktur der chemischen Verbindung CO_2 genauer anschauen. Die Moleküle von Treibhausgasen wie Kohlendioxid oder Wasserdampf bestehen aus Atomen, die jeweils eine elektrische Teilladung aufweisen. CO_2 hat ein Kohlenstoffatom (C), an das zwei Sauerstoffatome (O_2) gebunden sind. Als Elektronegativität bezeichnet man die Eigenschaft eines Atoms, negativ geladene Elektronen zu sich zu ziehen, wenn es eine Bindung eingeht. Da Sauerstoff stärker elektronegativ als Kohlenstoff ist, sind die Sauerstoffatome im Kohlendioxid leicht negativ geladen und das Kohlenstoffatom durch den spiegelbildlichen »Elektronenentzug« leicht positiv. Trifft darauf nun eine elektromagnetische Welle mit der richtigen Frequenz, fangen die elektrisch geladenen Atome an zu vibrieren und zu rotieren. Das CO_2-Molekül absorbiert Energie aus der Strahlung und wandelt sie in Wärme um. Ähnliches gilt für das Wassermolekül H_2O, in dem der Sauerstoff ebenfalls leicht negativ geladen ist und die beiden Wasserstoffatome positiv. Trotzdem treibt das Klimagas Kohlendioxid maßgeblich die Erwärmung, während die Wasserdampfkonzentration erst infolgedessen ansteigt und den Treibhauseffekt als positive Rückkopplung verstärkt. Weder Stickstoff noch Sauerstoff weisen eine Teilladung auf, weshalb die beiden Hauptgase auch nicht zum Treibhauseffekt beitragen.

Wie bereits erwähnt, liegt die Konzentration des Kohlendioxids in der Atmosphäre heute bei 420 ppm und steigt mit 2,4 ppm pro Jahr. Wenn wir einen Wert von 500 ppm nicht überschreiten wollen, haben wir also rein rechnerisch 33 Jahre Zeit, Maßnahmen zu ergreifen, um den Anstieg aufzuhalten. Dazu gibt es zwei Möglichkeiten: Zum einen kann der Ausstoß reduziert und zum anderen die Leistung der Senken verstärkt werden.

Ein Beispiel für eine Senke ist die Photosynthese der Landpflanzen. Diese nehmen Kohlendioxid aus der Luft auf und spalten es mit Hilfe des Sonnenlichts in seine beiden Bestandteile Sauerstoff und Kohlenstoff. Letzteren brauchen sie, um daraus neue Pflanzensubstanz zu bilden. Die Photosynthese der Landpflanzen extrahiert gewaltige Mengen an Kohlendioxid aus der Atmosphäre. Diese Größe wird Bruttoprimärproduktion genannt und liegt bei rund 200 Milliarden Tonnen CO_2 pro Jahr – mehr als die fünffache Menge der energiebedingten anthropogenen Emissionen.[2]

Angesichts der enormen Bruttoprimärproduktion könnte man meinen, die zusätzlichen rund 40 Milliarden Tonnen an anthropogenem Kohlendioxid würden keine Rolle spielen. Das Problem liegt im Begriff »Brutto«. Denn es gibt auch eine Nettoprimärproduktion. Die Pflanzen verbrauchen einen Teil der von ihnen eingefangenen Sonnenenergie sofort wieder für ihren eigenen Stoffwechsel. Sie atmen also Sauerstoff ein und Kohlendioxid aus. Dies geschieht zum Beispiel nachts. Die Menge des wieder abgegebenen CO_2 entspricht in etwa der Hälfte dessen, was vorher absorbiert wurde. Die Nettoprimärproduktion beträgt daher 100 Milliarden Tonnen Kohlendioxid; immer noch ein Mehrfaches der anthropogenen Emissionen. Doch es gibt weitere Verluste. Jedes Jahr werfen die Bäume in den mittleren und hohen Breiten ihre Blätter ab. Diese tote Pflanzenmasse wird durch Fäulnisprozesse zersetzt und dabei oxidiert der in ihr gebundene Kohlenstoff mit dem Sauerstoff in der Luft. Das ursprünglich durch die Photosynthese eingefangene Kohlendioxid löst sich wieder. Ähnliches geschieht in den Tropen. Auch dort wird ständig abgestorbene Pflanzenmasse durch Fäulnisbakterien abgebaut und CO_2 freigesetzt. Damit ist das Ganze ein Nullsummenspiel: Jährlich wird genauso viel Kohlendioxid in der Photosynthese gebunden, wie durch die Atmung der Pflanzen in Kombination mit den Zersetzungsprozessen der abgestorbenen Pflanzenmasse wieder in die Atmosphäre zurückgelangt.

Diese Gesamtbilanz wird im Folgenden Senkenleistung genannt. Bei den Landpflanzen ist sie im langfristigen Gleichgewicht annähernd gleich null. Zumindest galt das für die letzten 800 000 Jahre. Denn während dieser Zeit war die CO_2-Konzentration in der Atmosphäre praktisch konstant. Sie schwankte mit der globalen mittleren Temperatur zwischen dem eiszeitlichen Wert von 180 ppm und dem zwischeneiszeitlichen Wert von 280 ppm, doch abgesehen von diesem Zyklus fand keine Veränderung statt.

Heute ist die Senkenleistung der Landpflanzen aber hoch. Laut dem Sechsten Sachstandsbericht des Weltklimarats liegt sie bei 14,6 Milliarden, laut Global Carbon Project bei 11,3 Milliarden Tonnen pro Jahr.[3] Für die Ozeansenke gilt Ähnliches wie für die Landsenke. Der IPCC beziffert ihre Senkenleistung mit zurzeit etwa 7 Milliarden, das Global Carbon Project mit rund 10 Milliarden Tonnen jährlich. Es ist schwierig, solche Zahlen auf einer globalen Skala zu bestimmen, und die Angaben schwanken je nach Quelle erheblich. Die Senkenleistung der Ozeane und die der Landpflanzen lassen sich nicht separat erheben, sondern müssen mit Computermodellen unter Einbezug diverser Annahmen errechnet werden. Nur die Gesamtsumme ist messbar: Momentan liegt sie bei etwas über 20 Milliarden Tonnen Kohlendioxid jährlich. Das heißt, dass wir zwar die individuelle Leistung der beiden großen natürlichen Senken nicht kennen, aber wissen, dass sie im Jahr 2022 mehr als die Hälfte der anthropogenen Emissionen aufgenommen haben.

Neben den Ozeanen, Landpflanzen und den anthrophogenen Emissionen gibt es noch weitere Quellen und Senken. Wenn wir uns aber auf die dominanten Prozesse beschränken, zeichnet sich ein einfaches Bild ab: Die Atmosphäre kann als ein Gasbehälter angesehen werden, in den jedes Jahr rund 40 Milliarden Tonnen Kohlendioxid strömen. Das sind die Emissionen aus Energiegewinnung und Landnutzung. Der Behälter füllt sich dadurch allmählich, aber es gibt auch zwei Abläufe, nämlich die Ozeane und die Landpflanzen, die ihm die erwähnten etwa 20 Milliarden Tonnen, rund die Hälfte des Zuflusses, wieder entnehmen. Das ist zumindest der Stand im Jahr 2022. Wenn wir also die kleineren Senken und Quellen ausblenden und nur die großen Beiträge betrachten, ergibt sich das vereinfachte Schema des Senkenmodells in Abbildung 5, aus naheliegenden Gründen manchmal auch Badewannenmodell genannt. Diese Skizze bildet den Ausgangspunkt für Plan B.

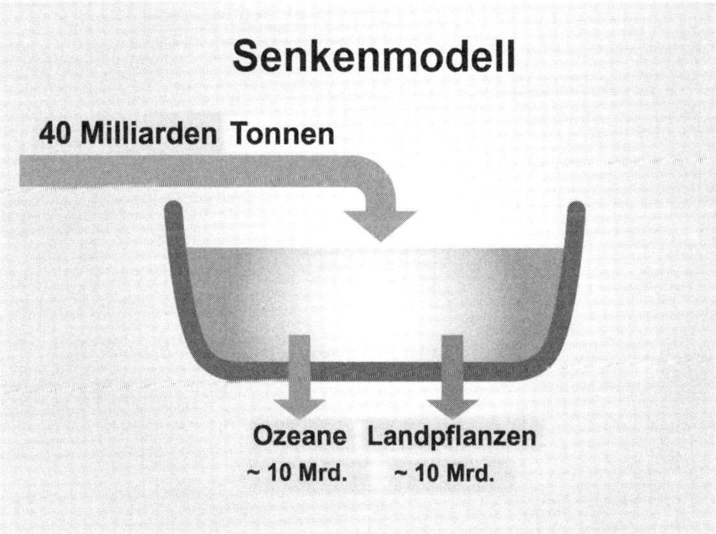

Abbildung 5: Vereinfachte Darstellung des Senkenmodells. Die Zahlen sind stark gerundet und entsprechen dem Stand 2022.

Die Darstellung des kompletten Kohlenstoffkreislaufs im Sechsten Sachstandsbericht des Weltklimarats enthält noch weitere Informationen.[4] Am meisten verblüfft vielleicht die ungeheure Menge an CO_2, die in den Ozeanen der Erde gespeichert ist. Das meiste verfügbare Kohlendioxid auf unserem Planeten liegt nämlich physikalisch oder chemisch gelöst in Salzwasser vor – 40-mal mehr als in der Atmosphäre. Angesichts dieser gewaltigen Menge von 136 000 Tonnen erscheint das CO_2, das die Menschheit bisher ausgestoßen hat, mit 2500 Milliarden Tonnen verschwindend gering. Das bedeutet, dass die Ozeane die kompletten anthropogenen Emissionen seit Beginn der industriellen Revolution ohne Weiteres aufnehmen könnten. Doch leider geht dieser Prozess sehr langsam vonstatten.

Das Senkenmodell führt zu einer Neudefinition des Begriffs »Netto-Null«. Entscheidend für die Klimaerwärmung ist die Menge an Kohlendioxid, das sich in der Atmosphäre befindet und den natürlichen Treibhauseffekt verstärkt. Gelänge es zunächst, einen weiteren Anstieg der CO_2-Konzentration zu stoppen und den Wert stabil zu halten, wäre das ein erster entscheidender Erfolg. Die Menge an Kohlendioxid in der Atmosphäre bliebe konstant, wenn jedes Jahr genauso viel eingefüllt würde, wie die Senken aufnehmen. Das neue Netto-Null wäre dann erreicht, wenn die Emissionen der Menschheit auf den Wert absinken, den die Natur verarbeiten kann.

Seit Jahrzehnten ist jedoch zu hören, dass die Senken bald erschöpft sein werden. Kapitel 11 zeigt, dass die Ozeane in der Erdgeschichte unvorstellbare Mengen an Kohlendioxid aus der Atmosphäre aufgenommen haben. Das Ergebnis sind zum Beispiel die Kalkalpen und die Kreidefelsen in Dover. Die relativ geringen Mengen an CO_2, die der Mensch bisher in die Natur abgegeben hat, fallen für die Weltmeere kaum ins Gewicht. Bei den Landpflanzen ist die Situation dagegen komplizierter. Ihre Senkenleistung wird auf der Zeitskala von 100 bis 150 Jahren tatsächlich etwas nachlassen. Das diskutieren wir in Kapitel 12 im Detail. In der unmittelbaren Zukunft werden uns die beiden Senken aber bei der Bewältigung des Klimaproblems helfen. Es könnte sogar gelingen, ihre Leistung mit sanften Maßnahmen weiter zu steigern.

10 Senkenleistung

Bei der Senkenleistung handelt es sich um die Menge an Kohlendioxid, die die beiden großen natürlichen Senken pro Jahr absorbieren. Die Gesamtsumme lässt sich relativ einfach als die Differenz aus den Emissionen und der Menge an CO_2, die tatsächlich in der Atmosphäre ankommt, bestimmen. Der Ausstoß an energiebedingtem Kohlendioxid aus der Verbrennung von Kohle, Öl und Gas ist ziemlich genau bekannt. Verschiedene Institutionen erheben diese Zahlen für die einzelnen Länder und Regionen jährlich, doch sie lassen sich auch grob über die Fördermengen der Fossilen berechnen: Im Jahr 2022 waren dies 7 Milliarden Tonnen Stein- und 1 Milliarde Tonnen Braunkohle, 4,4 Milliarden Tonnen Erdöl und 4 175 Kubikmeter Erdgas.[1] Würde alles davon verbrannt, ergäbe dies 43 Milliarden Tonnen an CO_2. Die offiziellen Zahlen liegen hingegen bei 37 Milliarden Tonnen,[2] also 6 Milliarden Tonnen darunter – eine Diskrepanz, die wahrscheinlich auf eingelagerte oder anderweitig verwendete Rohstoffe zurückgeht. Erheblich unsicherer ist der Beitrag der Emissionen aus der Landnutzung, der sich nur näherungsweise und unter bestimmten Modellannahmen schätzen lässt. Einer konservativen Näherung zufolge fallen hier rund 4 Milliarden Tonnen an.[3] Sowohl für die energiebedingten Emissionen als auch für die aus der Landnutzung gilt aber, dass die Angaben je nach Quelle unterschiedlich hoch ausfallen und selbst innerhalb einer Publikation stets mit Schwankungsbreiten angegeben werden.

In Summe sollten folglich grob 41 Milliarden Tonnen Kohlendioxid ausgestoßen werden. Dem ist jedoch nicht so: Setzt man nämlich den Anstieg des CO_2-Partialdrucks, also des messbaren Anteils, den nur dieses Gas am Gesamtdruck der Atmosphäre ausmacht, mit ihrem Volumen ins Verhältnis, ergibt sich lediglich eine Zunahme der Menge an Kohlendioxid um knapp 19 Milliarden Tonnen. Diese Differenz wurde, so jedenfalls die gängige Meinung der Experten, zu etwa gleichen Teilen von den beiden großen natürlichen Senken, den Ozeanen und den Landpflanzen, aufgenommen. Der Einfachheit halber und den großen Abweichungen in der Literatur geschuldet werden wir im weiteren Verlauf des Buches wie auch schon zuvor von 40 Milliarden Tonnen Ausstoß und 20 Milliarden Tonnen Absorption durch die Senken sprechen. Der Zusammenhang zwischen CO_2-Partialdruck und Senkenleistung wird uns mehrfach begegnen, beispielsweise in Kapitel 11 in größerem Detail.

Für den Plan B ist es zudem wichtig zu verstehen, inwieweit die Senkenleistung zeitlich variiert. Abbildung 6 zeigt die vereinfachte Version eines Diagramms des Global Carbon Project, das auf einer

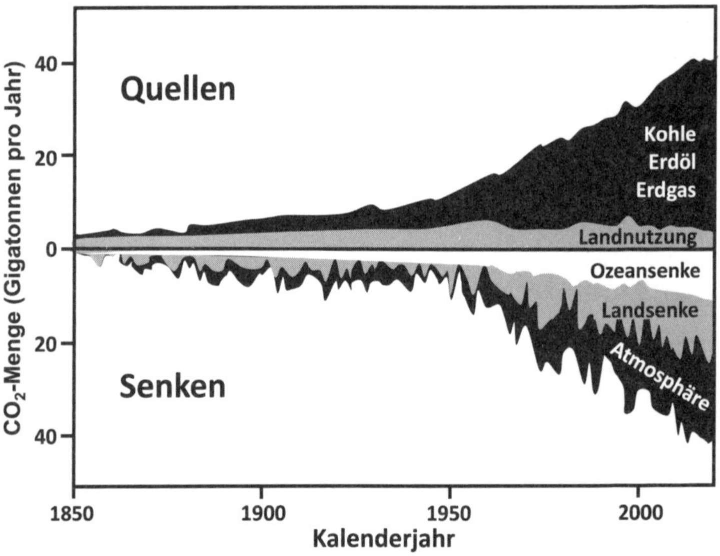

Abbildung 6: Zeitlicher Verlauf der CO_2-Quellen und -Senken einschließlich der Atmosphäre seit 1850. Die Summe sollte zu jedem Zeitpunkt null ergeben.[4]

Vielzahl von Einzeldaten und Modellrechnungen beruht. Sie stellt die Entwicklung der Emissionen seit Beginn der Industrialisierung den beiden großen natürlichen Senken sowie der Atmosphäre gegenüber.

Vor der Industrialisierung war das Klimasystem annähernd im Gleichgewicht. Die anthropogenen Emissionen und die Leistung der Senken lagen beide nahe null, die CO_2-Konzentration in der Atmosphäre blieb konstant. Dieser Zustand bleibt bestehen, solange sich keine anderen Parameter ändern, zum Beispiel durch natürliche Klimaschwankungen wie die Milanković-Zyklen. In der Hochphase der letzten Eiszeit vor 10 000 Jahren lag die CO_2-Konzentration bei ungefähr 180 ppm. Gegen deren Ende stieg sie auf 280 ppm an und erreichte wieder ein Gleichgewicht mit annähernd konstanter Konzentration. Dabei erhöhte sich die globale mittlere Temperatur in relativ kurzer Zeit um bis zu 8 Grad Celsius. 280 ppm wird heute als der Referenzwert für die CO_2-Konzentration vor der Industrialisierung angenommen.

Gegen Ende des 19. Jahrhunderts begann der Mensch, verstärkt Kohle als Antrieb für seine Dampfmaschinen zu verbrennen. Damit wurde zusätzliches Kohlendioxid in die Atmosphäre eingespeist und das Gleichgewicht gestört – die Natur reagierte. Die Ozeane und Landpflanzen begannen, einen Teil des Klimagases zu absorbieren. Ihre Senkenleistung stieg parallel zum CO_2-Partialdruck in der Atmosphäre immer weiter an. Für die Ozeane ist dieser Prozess relativ leicht nachzuvollziehen, da mit höherem Druck mehr Kohlendioxid pro Zeiteinheit vom Meerwasser absorbiert wird. Bei der Landsenke spielen viele Faktoren eine Rolle, das Ergebnis ist jedoch das Gleiche: je größer der Partialdruck, desto größer die Leistung.

Es ist ein historischer Zufall, dass die anthropogenen Emissionen in der Vergangenheit stets mehr oder weniger proportional zum CO_2-Partialdruck angestiegen sind. Dazu bestand keine Notwendigkeit, denn die Emissionen der Menschheit hätten auch eine Weile konstant bleiben oder sogar abnehmen können. Durch diese historische Besonderheit in Kombination mit der Tatsache, dass die Leistung der beiden Senken proportional zum CO_2-Partialdruck ist, kommt es zu dem Phänomen, dass die Senken in den letzten 150 Jahren immer ungefähr 50 Prozent des Ausstoßes absorbiert haben.

Das ist aber nur in dem Fall richtig, in dem die Emissionen proportional zum Partialdruck ansteigen. In der Vergangenheit war das zwar meistens, jedoch nicht immer gegeben. Wir werden sehen, dass es auch einen Zeitraum gab, in dem die Senkenleistung ungefähr gleich dem Ausstoß war und die CO_2-Konzentration in der Atmosphäre daher konstant blieb. Dieser Zustand wird im Rahmen von Plan B als erstes Ziel wieder angestrebt. In Abbildung 6 sind das die Jahre vor 1950, in denen der Anteil der Atmosphäre praktisch verschwindet. Zu dieser Zeit entsprach die Senkenleistung spiegelgleich den Emissionen.

Der Ausstoß aus der Landnutzung ist über lange Zeit fast konstant geblieben und im letzten Jahrzehnt sogar leicht gefallen. Die Emissionen aus Kohle, Öl und Gas zogen zunächst zwischen 1850 und 1935 nur langsam linear an, seitdem hat sich der Zuwachs beschleunigt. Parallel dazu ist die Leistung der beiden großen natürlichen Senken ebenfalls angestiegen.

Die historischen Daten suggerieren, dass die Senken immer rund die Hälfte des anthropogenen Ausstoßes absorbieren. Dies könnte man analog zu einer pauschalen Steuer in Höhe von 50 Prozent interpretieren, die unabhängig vom Einkommen greift: Egal ob Besserverdiener oder Geringverdiener, alle zahlen die Hälfte. Gleichsam bei den Senken: Egal ob viel oder wenig Emissionen, sie nehmen immer die Hälfte auf. Einige Klimaaktivisten, -journalisten und -politiker vertreten diese Ansicht und schlussfolgern daraus die Notwendigkeit einer totalen Dekarbonisierung. Denn wenn die Senkenleistung ein fester Prozentsatz der Emissionen wäre, dann würde sie angesichts von Maßnahmen zum Klimaschutz parallel zum Ausstoß sinken. Fährt die Menschheit ihre Emissionen beispielsweise von 40 auf 20 Milliarden Tonnen herunter, bricht die Senkenleistung in diesem Bild von 20 auf 10 Milliarden Tonnen ein. Die CO_2-Konzentration in der Atmosphäre würde dann weiterhin steigen, allerdings langsamer. Ein weiterer Zuwachs ließe sich nur vermeiden, wenn die Emissionen gänzlich auf null fielen. Dann wäre Netto-Null gleich Absolut-Null und einen Plan B gäbe es nicht. Sollte dagegen die Senkenleistung vom Partialdruck des Kohlendioxids in der Atmosphäre abhängen, bliebe sie unabhängig von den aktuellen Emissionen konstant und die Senken könnten weiterhin 20 Milliarden Tonnen pro Jahr aufnehmen. Erst bei sinkendem Partialdruck würde auch ihre Leistung zurückgehen. Netto-Null wäre in diesem Fall erreicht, wenn der Ausstoß exakt der Aufnahmefähigkeit der Ozeane und Landpflanzen entspricht. Deshalb ist die Frage, wovon die Leistung der Senken abhängt, für uns alle von großer Bedeutung.

Der Rest dieses Kapitels diskutiert drei Indizien, die der Autor als Hinweise dafür ansieht, dass die Senkenleistung nicht von der Höhe der Emissionen, sondern vom CO_2-Partialdruck in der Atmosphäre abhängt. Eine genauere Analyse findet sich in den darauffolgenden Kapiteln 11 und 12 zu den beiden Senken.

1. Indiz

Wie bereits erwähnt, gab es schon einmal eine Zeit, in der die CO_2-Konzentration für etwas über zehn Jahre konstant blieb, obwohl die Menschheit weiterhin und sogar mit jedem Jahr mehr emittierte. Abbildung 7 zeigt die Messungen im Zeitintervall von 1900 bis 2000. Man sieht ein Plateau und ein leichtes Absinken der CO_2-Konzentration in den Jahren zwischen 1938 und 1950. In der Abbildung entspricht dieser Bereich dem Zeitraum, in dem die Atmosphäre kein Kohlendioxid aufgenommen hat.

Die Pause des Anstieges in den 1940er-Jahren wurde von verschiedenen Arbeitsgruppen untersucht. Ihre plausibelste Erklärung lautet, dass die Senken für diese Zeitspanne eine ausreichend hohe Leistung hatten, um die gesamten Emissionen der Menschheit aufzunehmen. Die Existenz des Plateaus widerspricht der Annahme, dass die Senkenleistung proportional zum Ausstoß ist.

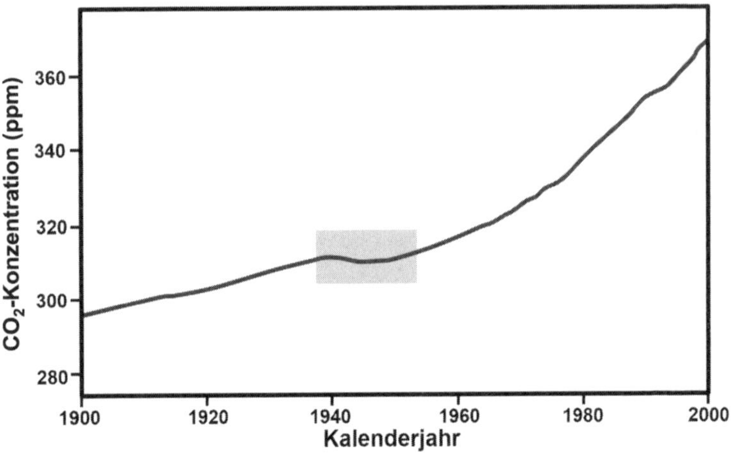

Abbildung 7: Zeitlicher Verlauf der CO_2-Konzentration in der Atmosphäre seit 1900. Im grau hinterlegten Bereich blieb die Menge für einige Jahre konstant.[5]

Das Phänomen ist übrigens nicht auf das Kohlendioxid beschränkt: Ein ähnliches Plateau findet sich im zeitlichen Verlauf der Methankonzentration in den Jahren zwischen 1990 und 2000. Der annähernd kontinuierliche Anstieg legte eine Pause ein. Auch hier kann die Wissenschaft nur Vermutungen anstellen. Eine ausführliche Diskussion folgt in Kapitel 13.

2. Indiz

Die Leistung der Landsenke schwankt im Laufe des Jahres dramatisch. Das deutet darauf hin, dass sie von den Wachstumsbedingungen abhängt. Hochaufgelöste Messungen der CO_2-Konzentration zeigen ein Auf und Ab im Takt der Jahreszeiten. Allein, dass dieser Wert über einen Zeitraum von wenigen Monaten sinken kann, ist bereits erstaunlich. Wenn im Frühling und Sommer der Nordhalbkugel die Pflanzen einen Wachstumsschub erleben, geht die Senkenleistung derartig steil nach oben, dass sie die Emissionen der Menschen bei Weitem überwiegt und die CO_2-Konzentration in der Atmosphäre rasch abnimmt. Das verdeutlicht die enorme

Leistungsfähigkeit der Landsenke. Würden diese Wachstumsphasen länger andauern, wäre unser Kohlendioxidproblem gelöst. Aber mit dem Herbst setzt der Zerfall der neu gebildeten Pflanzenmasse ein und die CO_2-Konzentration steigt wieder an. Die anthropogenen Emissionen und die Emissionen durch den Zerfall der Pflanzenmasse addieren sich. Diese jahreszeitliche Modulation belegt, dass die Senkenleistung der Landpflanzen von den Wachstumsbedingungen abhängt und nicht von den Emissionen.

3. Indiz

Das dritte Indiz ist statistischer Natur. Eine enge Korrelation zwischen zwei Größen, die sich so verhalten, als wären sie kausal, also über Ursache und Wirkung miteinander verknüpft, birgt immer die Gefahr, dass man eine ihr zugrunde liegende Kausalität annimmt, die es in der Realität gar nicht gibt. Das gilt auch beim zeitlichen Verlauf der Emissionen und der Senkenleistung. Betrachten wir noch einmal Abbildung 6: Beide Werte steigen seit 1950 in verblüffend ähnlicher Weise an, und immer nehmen die Senken etwa 50 Prozent der Emissionen auf. Das suggeriert zwar einen engen kausalen Zusammenhang, es fehlen aber physikalische, chemische oder biologische Mechanismen, die erklären, wieso die Absorptionsfähigkeit der Ozeane und Landpflanzen vom jährlichen Ausstoß abhängen sollte. Auf diesen Gedankengang kommen wir in Kapitel 15 noch einmal ausführlich zurück.

Wie bereits erwähnt, liegt die tiefere Ursache für die Korrelation im historischen Verlauf der Emissionen. Der anthropogene Ausstoß ist seit 1850 kontinuierlich angestiegen und mit ihm der Partialdruck des Kohlendioxids in der Atmosphäre. Dieser zweite Faktor ist es jedoch, von dem die Senkenleistung abhängt, nicht der erste. Bei der Tatsache, dass beide Kurven ähnlich verlaufen sind, handelt es sich um eine historische Besonderheit, keine kausale Verbindung: Sobald die Emissionen nicht mehr dem Anstieg des CO_2-Partialdrucks folgen, ändert sich entsprechend auch der Prozentsatz des absorbierten Ausstoßes.

Die eigentliche Kausalbeziehung besteht zwischen dem Partialdruck und der Senkenleistung. Hier lassen sich physikalische, chemische und biologische Mechanismen identifizieren, die den Zusammenhang begründen. Bei den Landpflanzen ist es unter anderem der CO_2-Düngeeffekt, der ihr Wachstum verstärkt und bewirkt, dass ihre Aufnahmefähigkeit bei einem höheren Partialdruck steigt. Bei den Ozeanen hängt die Absorption hingegen von der Differenz zwischen dem vorindustriellen Gleichgewichtsdruck und dem aktuellen CO_2-Partialdruck ab. Das in größerem Detail zu erläutern, ist unter anderem Gegenstand der beiden folgenden Kapitel.

11 Ozeansenke

In einer Veröffentlichung in *Nature*, einer der führenden Fachzeitschriften der Naturwissenschaften, aus dem Jahr 2012 beklagen Wissenschaftler der Nationalen Ozean- und Atmosphärenbehörde (NOAA) in den USA, dass die Klimamodelle seit Jahrzehnten ständig das Absinken der Leistung der natürlichen Senken vorhersagen.[1] Aber bis heute sind diese Prognosen immer wieder an der Realität gescheitert. Wie wir im Folgenden sehen werden, ist die Ozeansenke seit über 4000 Millionen Jahren nicht müde geworden, Kohlendioxid aus der Atmosphäre zu extrahieren. Die Vorhersagen der Klimaforscher stehen also im Gegensatz zur Äonen andauernden Geschichte der Weltmeere.

Weiterhin schaut man mit Sorge auf die Möglichkeit einer Versauerung der Ozeane, verursacht durch anthropogene Klimagase. Experimente mit Muscheln, Schnecken und Korallen scheinen zu beweisen, dass sich die Kalkschalen der Tiere bei einem auch nur geringfügigen weiteren Absinken des pH-Werts auflösen werden. Aber diese Laborergebnisse passen nicht zu den Erkenntnissen der Paläoklimatologie, also dem Zweig der Klimawissenschaft, der sich mit der Klimageschichte beschäftigt: In der Vergangenheit lag der Kohlendioxidgehalt der Atmosphäre nämlich deutlich höher als heute und die Ozeane waren erheblich saurer. In den folgenden Abschnitten werden wir diese Widersprüche auflösen und darlegen, dass die Weltmeere letztlich in der Lage sind, alles überschüssige CO_2 aufzunehmen.

Eine Erde ohne Ozeane wäre wie die Venus

Wer glaubt, dass unser Planet ohne die Ozeane einfach eine gewaltige Steppe wäre, irrt sich: In Wirklichkeit würde die Erdatmosphäre vermutlich der Atmosphäre der Venus ähneln. Auf ihrer Oberfläche gibt es kein Wasser – schon gar keine Wassermassen – und der Treibhauseffekt ist extrem stark. Die mittlere Temperatur liegt bei 460 Grad Celsius. Die Atmosphäre der Venus ist fast 90-mal dichter als die der Erde und besteht nahezu vollständig aus Kohlendioxid. Dennoch sind beide Planeten unter ähnlichen Bedingungen vor 4,6 Milliarden Jahren zusammen mit dem Rest des Sonnensystems entstanden. Ist es reiner Zufall, dass die Venus kein Wasser und dafür einen derartigen CO_2-Überschuss aufweist? Oder war die Ausgangssituation identisch und die Planeten haben sich unterschiedlich entwickelt?

Zur Herkunft des Wassers gibt es verschiedene Theorien, aber eine der gängigen nimmt an, dass eishaltige Kometen und Asteroiden in einer späten Phase der Planetenentstehung auf die Erde stürzten, das Wasser also quasi »von außen« kam. Demgegenüber stammt das Kohlendioxid wahrscheinlich aus der glühenden Lava des jungen Himmelskörpers. Auch heute noch schleudern Vulkanausbrüche viele Millionen Tonnen an Schwefeldioxid und Kohlendioxid in die Atmosphäre, obwohl der Prozess des Ausgasens der Erdkruste und des oberen Erdmantels in der langen Geschichte unseres Planeten bereits stark abgeklungen ist. In der Frühphase waren Vulkanausbrüche heftiger und häufiger und setzten weitaus mehr Gase frei. Da Erde und Venus etwa gleich groß sind, ist zu erwarten, dass bei ihnen eine vergleichbare Menge an Kohlendioxid im Spiel war. Beide Planeten starteten vermutlich mit ähnlichen atmosphärischen Hüllen und einer hohen CO_2-Konzentration. Seitdem haben sie sich aber deutlich auseinanderentwickelt. Die Venus liegt näher an der Sonne und hat ihr Wasser letztlich durch Verdampfung ins Weltall verloren, während das schwere Kohlendioxid geblieben ist. Auf der kühleren Erde hingegen kondensierte das

Wasser und wurde zu den Ozeanen, Seen und Flüssen, die heute mehr als zwei Drittel ihrer Oberfläche bedecken.

Wie Kohlendioxid über Äonen in Kalkstein umgewandelt wurde

Vermutlich hatte die Erde zu Anbeginn eine Atmosphäre mit einem mindestens 10 000-fach höheren Kohlendioxidgehalt. Schätzungen rangieren zwischen einigen und über 18 Bar; heute liegt die CO_2-Konzentration bei 0,00042 Bar. Kohlendioxid löst sich in Wasser, und das geschah auch in den frühen Ozeanen der Erde. Das Ozeanwasser enthielt damals eine hohe Konzentration an Kalzium-Ionen aus der Erosion des Gesteins von Kontinenten und dem Meeresboden. Zusammen mit dem CO_2 bildete sich in den Weltmeeren Kalziumkarbonat, der chemische Name für Kalk. In geringen Mengen ist Kalk wasserlöslich, aber bei zu hohen Konzentrationen lagert es sich ab – ein Effekt, den die meisten in ihrem heimischen Badezimmer beobachten können.

Nachdem die Evolution über viele Jahrmillionen allerhand Fortschritte gemacht hatte, kam ein biologischer Mechanismus hinzu, der zu einer Intensivierung der Kalkbildung in den Ozeanen führte. Meereslebewesen entwickelten die Fähigkeit, durch eine kontrollierte chemische Reaktion in ihrem Körperinneren Kalziumcarbonat als Festkörper zu kondensieren und diesen Kalk als Baumaterial zu verwenden. Es gibt unzählige solcher Kalkbildner: Manche sind winzig und treiben mit der Strömung, andere sind größer und nutzen den Kalk als Ganzkörperpanzer, wie Muscheln und Schnecken, und wieder andere, etwa Korallen, bauen sich sogar Wohnungen aus Kalk.

Das meiste Kohlendioxid, das die Erde von Anbeginn an in ihrer Atmosphäre hatte, und auch das, was durch Vulkanausbrüche im Laufe der Jahrmillionen immer wieder hinzukam, hat sich im Laufe der Zeit zu den Kalkgebirgen und massiven Kalksteinschichten formiert, die überall auf der Welt zu finden sind. Unser Planet ist 4700 Millionen Jahre alt; doch über das, was in den ersten 4200 Millionen Jahren seiner Existenz geschah, wissen wir vergleichsweise wenig. Mehr Informationen liegen uns über die letzten 500 Millionen Jahre vor. Zu Beginn dieser Periode entwickelten sich in den Ozeanen die Kalkbildner und machten sich ans Werk. Es wird geschätzt, dass rund 75 Prozent des heutigen Kalksteins erst in diesen letzten 500 Millionen Jahren durch die Meereslebewesen entstanden sind. Bei ihrem Ableben sanken die Kalkbildner mitsamt ihren Hüllen auf den Boden der Ozeane herab, wodurch sich im Laufe der Jahrmillionen dicke Sedimentschichten bildeten, die später durch geologische Prozesse zu Gebirgen aufgefaltet wurden. So finden sich heute in den Alpen in 2 000 Metern Höhe noch Kalksteine mit deutlich erkennbaren Muschelversteinerungen. Große Teile der Landfläche in den USA und viele andere Regionen der Welt sind von dicken Sedimentschichten dieses organischen oder auch biogen genannten Kalksteins bedeckt. Ein bekanntes Beispiel hier in Europa kann man an der englischen Südküste bestaunen, wo die »White Cliffs of Dover« imposant aus dem Meer herausragen. Auf die gleiche Weise wie Kalk sind außerdem Mineralien wie Kreide, Dolomit, Feldspat, Doppelspat und Marmor sowie Korallen, Muscheln und Perlen entstanden.

Die Gesamtmenge an organischem Sediment in seinen verschiedenen Erscheinungsformen wird auf 350 Petatonnen, also 350 000 000 Milliarden Tonnen, geschätzt. Für die Erzeugung dieser Menge an Kalziumcarbonat sind etwa 150 000 000 Milliarden Tonnen Kohlendioxid notwendig. Zum Vergleich: In der Atmosphäre befinden sich heute etwa 3 200 Milliarden Tonnen CO_2. Seit rund 500 Millionen Jahren haben die Ozeane mit Hilfe der kalkbildenden Lebewesen also die 50 000-fache Menge des atmosphärischen Kohlendioxids in Kalk umgewandelt.

Warum die Ozeansenke nicht versagen wird

Angesichts dieses Wissens ist es wenig plausibel, dass die Ozeane nach über 4000 Millionen Jahren aktiver Tätigkeit als Senke nun urplötzlich damit aufhören sollen. Genau das prognostizieren allerdings verschiedene Klimamodelle. Nur selten liefern deren Programmierer eine naturwissenschaftliche Begründung für die Vorhersagen. Ein Leser der zugehörigen Fachartikel kann also nur Vermutungen über die Annahmen anstellen, die zur Prognose eines raschen Nachlassens der Senkenleistung der Ozeane führen.

Bisweilen wird ein Mangel an Kalzium-Ionen als möglicher Sargnagel in den Raum gestellt. Einen solchen hat es aber in der Vergangenheit nie gegeben, selbst während der vielen Jahrmillionen, als die CO_2-Konzentration in der Atmosphäre deutlich höher lag. Heute ist diese erdgeschichtlich gesehen eher niedrig. Deshalb erscheint es abwegig, dass ausgerechnet jetzt ein Kalziummangel auftreten soll. Die Weltmeere erhalten einen steten Nachschub an Kalzium-Ionen über die Flüsse, der auf 0,8 Milliarden Tonnen pro Jahr geschätzt wird. Hinzu kommt eine unbekannte Menge aus Thermalquellen am Ozeanboden. Seit einer Million Jahren ist die Menge an Kohlendioxid in der Atmosphäre ungefähr konstant; abgesehen von den periodischen Schwankungen der Eiszeitzyklen. Der Verbrauch an Kalzium-Ionen aus dem Ozeanwasser war während dieser langen Zeit also gering, weshalb es einen hohen Überschuss von einigen Hunderttausend Milliarden Tonnen geben dürfte. In der Literatur besteht kein Zweifel darüber, dass die oberen Schichten der Ozeane auch heute mit Kalziumkarbonat übersättigt sind. Daher beginnen die Lysokline und die Karbonat-Kompensationstiefe, also die Grenze, ab der die chemischen Modalitäten zur Bildung von Kalkstein nicht mehr gegeben sind, deutlich tiefer als zu erdgeschichtlichen Zeiten, in denen die CO_2-Konzentration in der Atmosphäre erheblich höher war.

Die Versauerung der Ozeane und das Auflösen der Muschelschalen

Wie bereits erwähnt, entstand ein Großteil der biogenen Kalkablagerungen während Erdzeitaltern mit großen Mengen an Kohlendioxid in der Atmosphäre, beispielsweise in der Trias vor 250 Millionen Jahren. In dieser Warmphase lag die CO_2-Konzentration vierfach höher als heute. Nach Einschätzung der Klimaforschung dürfte es unter solchen Bedingungen keine Korallen und keine anderen Kalkbildner gegeben haben, da sie allesamt abgestorben wären. Sind die Meere zu sauer, löst sich der Kalk auf – so der Gedanke. Diese Aussage ist aber falsch, denn tatsächlich gab es in der Trias über 300 verschiedene Korallenarten und etliche unterschiedliche Muschelarten.

Im Laufe der Evolution haben kalkbildende Lebewesen gelernt, den pH-Wert an dem Ort zu kontrollieren, an dem sie den Kalk aus dem Wasser extrahieren. Das Kalziumkarbonat kann dann in organisches Material eingehüllt und so vor dem Wasser der freien Ozeane geschützt werden. Eine Muschelschale besteht also nicht einfach aus Kalkstein, sondern ist ein komplexes Schichtsystem mit einer hochentwickelten Feinstruktur im Nanometerbereich. Dass sich heute die Schalen ausgewählter Meeresbewohner unter Laborbedingungen in saurem Wasser auflösen, ist vermutlich in erster Linie ein Anpassungsproblem, weil die Tiere zu schnell einem niedrigeren pH-Wert ausgesetzt werden. Eine Literaturrecherche offenbart, dass diese Auflösungserscheinungen keineswegs bei allen Kalbbildnern zu beobachten sind.

Ähnliches gilt für Korallen: Auch von ihnen gab es in den Warmzeiten etliche Arten; sie sind sogar besonders gut gediehen. Aber die Tiere müssen sich an die jeweiligen Bedingungen anpassen können. Im Augenblick ändert sich die Umwelt relativ schnell durch die menschengemachte Erwärmung und daher kommt es für bestimmte Korallenarten während Hitzewellen des Oberflächenwassers zu einer Bleiche oder sogar zum Absterben. Die Ursachen sind aber nicht nur das Kohlendioxid oder zu hohe Temperaturen, sondern auch andere Umweltbelastungen – darunter nicht zuletzt die Touristen. Deshalb wurden nun Schutzgebiete eingerichtet.

Die Umwandlung von Kohlendioxid in Kalk ist ein langsamer Prozess. Für die vergleichsweise geringe Menge an CO_2, die der Mensch emittiert, bedarf es allerdings keiner Umwandlung in Kalk. Das anthropogene Kohlendioxid können die Ozeane zusätzlich zu dem gewaltigen, bereits gelösten Bestand aufnehmen. Heute befindet sich rund 40-mal mehr CO_2 in den Weltmeeren als in der Atmosphäre. Auch mit dieser enormen Menge sind sie keineswegs gesättigt. Die Vorstellung einer »Sättigung« der Ozeane mit Kohlendioxid ist ohnehin falsch. Aber um den Mechanismus des Druckgleichgewichts, der über die Senkenleistung der Ozeane bestimmt, zu verstehen, brauchen wir zunächst ein wenig Grundwissen.

Kohlendioxid und Wasser: Ein wenig Grundwissen

Kohlendioxid löst sich in Wasser. Wir alle kennen das aus dem Alltag mit kohlensäurehaltigen Getränken wie zum Beispiel Mineralwasser. »Kohlensäure« ist dabei ein etwas ungenauer Ausdruck, da er sich sowohl auf die eigentliche Säure H_2CO_3, die beim Lösungsvorgang als Nebenprodukt entsteht, als auch auf das Gas CO_2 beziehen kann. Also genauer: Löst man Kohlendioxid in Wasser, reagieren grob 0,1 Prozent davon zu der schwachen Säure, die man in der Chemie gemeinhin als Kohlensäure bezeichnet. Bei diesem Prozess werden sowohl spritziges Mineralwasser als auch unsere Ozeane, um die es im Folgenden geht, etwas saurer. Wichtig ist, dass im Wasser eine gewisse Menge an Kohlendioxid entweder in gelöster Form oder als Bestandteil von Kohlensäure gespeichert werden kann. Wie viel das Ozeanwasser aufnimmt, hängt vom CO_2-Partialdruck ab, also dem anteiligen Druck des Kohlendioxids in der Luft über dem Wasserspiegel. Welche anderen Gase daneben noch in der Atmosphäre vorhanden sind, spielt keine Rolle. In der normalen Umgebungsluft ist mit den bereits erwähnten 420 ppm recht wenig CO_2 enthalten. Dort beträgt der anteilige Druck des Kohlendioxids also nicht einmal ein Tausendstel des Gesamtdrucks der Atmosphäre. Dieser winzige Anteil ist zwar für den Treibhauseffekt entscheidend, aber als Gasdruck verschwindend gering. Damit Mineralwasser fühlbar prickelt, muss das CO_2 im Wasser unter einem Druck von mehreren Bar stehen, also einem Vielfachen des Luftdrucks.

Die Physik sagt uns, dass Gase immer einen Druckausgleich anstreben. Ein bestimmtes Volumen an Wasser kann eine gewisse Menge an Kohlendioxid aufnehmen. Dabei ist der Gasdruck in der Flüssigkeit proportional zur Menge an gelöstem Gas. Um Sprudelwasser mit einem hohen CO_2-Gehalt zu erzeugen, muss dieses entsprechend mit Überdruck in das Wasser hineingepresst werden. In einer verschlossenen Mineralwasserflasche bildet sich ein Gleichgewicht zwischen dem Druck des Kohlendioxids im Wasser und dem kleinen Gasvolumen zwischen der Flüssigkeitsoberfläche und dem Verschluss. Wird die Flasche geöffnet, entweicht zunächst das unter erheblichem Überdruck stehende CO_2 aus der Gasmenge im Flaschenhals. Danach folgt langsam auch das in der Flüssigkeit gelöste Gas, nur dass der Prozess erheblich länger dauert, weil die Kohlendioxidmoleküle eine schwache Bindung mit den Wassermolekülen eingegangen sind. Das geht so lange, bis der CO_2-Partialdruck im Wasser wieder der gleiche ist wie in der Umgebungsluft. Mit der Zeit wird sich bei geöffneter Flasche zwischen dem im Wasser gelösten Kohlendioxid und der Atmosphäre ein Gleichgewicht einstellen. In der Umgebungsluft liegt der CO_2-Partialdruck aber nur bei 420 ppm, also 0,00042 Bar. Das meiste im Getränk gelöste Kohlendioxid entweicht folglich. Aus dem prickelnden Mineralwasser wird, wenn die Flasche geöffnet bleibt, nach einer Weile ein stilles Mineralwasser.

Unsere Erde gleicht in dieser Hinsicht einer Sprudelflasche. In grober Vereinfachung gibt es auf ihr zwei Gasbehälter für Kohlendioxid: die Ozeane und die Atmosphäre. Das ist bei einer Sprudelflasche genauso, denn es gibt das Wasser und das Gas zwischen Verschluss und Wasseroberfläche. In einer verschlossenen Flasche stellt sich mit der Zeit ein Druckausgleich ein; Ähnliches gilt auch für die Erde. Im Gleichgewicht muss der CO_2-Partialdruck in der Atmosphäre dem Druck des gelösten Gases in den Ozeanen entsprechen. Da allerdings die »Sprudelflasche« Erde so groß ist, dauert es sehr lange, bis sich die Verhältnisse ausgeglichen haben. Im Fall der Ozeane bewegen wir uns auf der Zeitskala von Jahrhunderten. Die Menschheit hat mit der Verbrennung von Kohle, Öl und Gas den CO_2-Partialdruck um rund die Hälfte erhöht: von ursprünglich 280 ppm in der vorindustriellen Zeit auf die heutigen 420 ppm. Wichtig ist, dass der Druck in der Atmosphäre nun viel höher ist als der Druck des im Ozeanwasser gelösten Kohlendioxids. Also nehmen die Ozeane so lange CO_2 aus der Luft auf, bis Druckausgleich herrscht. Die Weltmeere werden so zu einer Senke für das zusätzliche Kohlendioxid aus der Verbrennung von Kohle, Öl und Gas. Wobei die Natur nicht zwischen anthropogenem und natürlichem CO_2 unterscheidet; es geht nur um den Anstieg des Partialdrucks in der Atmosphäre. Um diesen Senkeneffekt, der für die Menschheit bei der Bekämpfung des Klimawandels von größter Bedeutung ist, geht es im aktuellen Kapitel.

Aus dem Alltag kennen wir noch einen weiteren Effekt: Öffnen wir eine ungekühlte Flasche Sekt, schießt der Inhalt stärker heraus als bei einer gekühlten. Der Druck des in der Flüssigkeit gelösten Gases hängt von der Temperatur ab. Würden wir ein Manometer am Verschluss der Sektflasche anbringen und den Druck in dem Gasvolumen oberhalb der Flüssigkeitsoberfläche messen, könnten wir sehen, wie dieser mit steigender Temperatur – also je länger wir sie außerhalb des Kühlschranks stehen lassen – anwächst. Das gilt für jedes Gas, egal ob es sich frei in einem Gasbehälter befindet oder in einer Flüssigkeit gelöst ist: Steigt die Temperatur, steigt auch der Druck – eigentlich nichts Besonderes. In der Physik wird dieser Zusammenhang mit dem allgemeinen Gasgesetz beschrieben. Aber auf Formeln wollen wir hier verzichten.

Das Gleichgewichtsmodell für Ozeane und Atmosphäre

Mit diesem Wissen können wir nun den erstaunlich parallelen zeitlichen Verlauf zwischen der globalen mittleren Temperatur und dem CO_2-Partialdruck in der Atmosphäre während der letzten 800 000 Jahre verstehen. Abbildung 8 stellt die beiden Kurven untereinander. In dieser Zeit schwankte das Erdklima nahezu periodisch zwischen dem Zustand »Eiszeit« mit einer globalen mittleren Temperatur von etwa 8 Grad und dem Zustand »Zwischeneiszeit« mit etwa 15 Grad hin und her. Die Temperatur folgte damit fast deckungsgleich dem CO_2-Partialdruck, der sich zwischen 180 ppm und 280 ppm bewegte. Die Schwankungen ähneln denen einer Sektflasche, die wärmer oder kälter wird, je nachdem ob sie im

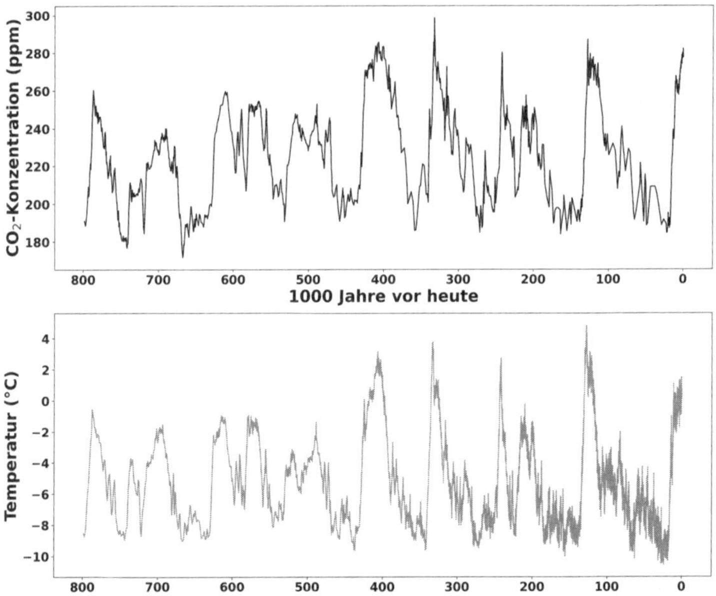

Abbildung 8: Zeitlicher Verlauf der CO_2-Konzentration in der Atmosphäre und der globalen mittleren Temperatur während der letzten 800 000 Jahre. Beide Kurven schwanken nahezu synchron.[2]

Kühlschrank steht oder draußen. Diese Rolle übernehmen im Fall der Erde die Eiszeiten: In den wärmeren Perioden war der CO_2-Partialdruck in der Atmosphäre höher und in den kälteren Perioden niedriger. Die Weltmeere »atmen« praktisch Kohlendioxid: Ist es wärmer, geben die Ozeane etwas davon ab, und ist es kälter, nehmen sie es wieder auf.

Diese Daten der letzten 800 000 Jahre stammen aus Eisbohrkernen, bei denen man Proben zur Untersuchung tief aus Schilden oder Gletschern extrahiert, und werden als relativ zuverlässig angesehen. Unmittelbar nach ihrer Publikation stellte man sich die Frage, was nun die Ursache und was die Wirkung sei: Steigt die Temperatur aus einem unbekannten Grund und deshalb als Folge die CO_2-Konzentration? Oder steigt die CO_2-Konzentration aus einem unbekannten Grund und deshalb als Folge die Temperatur? Genauere Messungen zeigten später, dass das Kohlendioxid um rund 500 Jahre nacheilt: Zuerst steigt also die Temperatur, dann die CO_2-Konzentration. Das war zunächst überraschend, denn heute ist es genau andersherum: Wir Menschen emittieren Kohlendioxid in die Atmosphäre und deshalb wird es wärmer. Die höhere Temperatur am Ende einer Eiszeit geht also nicht auf den Treibhauseffekt zurück, denn die CO_2-Konzentration steigt erst an, wenn es schon wärmer geworden ist. Stattdessen werden die Temperaturschwankungen durch einen anderen Effekt bewirkt. Als Folge dieser generellen Erwärmung heizen sich schließlich auch die Ozeane auf und ein höherer Gleichgewichtsdruck stellt sich ein.

Doch welcher Effekt ist mächtig genug, um die Temperatur auf der Erde derart stark zu beeinflussen? Die Verursacher der Eiszeiten und Zwischeneiszeiten sind kleine Schwankungen der Erdbahnparameter auf ihrem Weg um die Sonne, die sogenannten Milanković-Zyklen. Dabei ändert sich die Sonneneinstrahlung auf der Nordhalbkugel in langen Zyklen periodisch. Zunächst geringfügig erscheinende Abweichungen werden durch die Rückkopplungen im Klimasystem derart verstärkt, dass das Klima zwischen den beiden Zuständen »Eiszeit« und »Zwischeneiszeit« hin und her pendelt.

Die primären Ursachen, also die Schwankungen der Erdbahnparameter, sind eigentlich streng periodisch. Dies lässt sich im Temperaturverlauf in Abbildung 8 auch ansatzweise erkennen. Sie werden aber von heftigen irregulären Schwankungen überlagert. Das zeigt den grundsätzlich chaotischen Charakter des Klimas, dessen Fluktuationen kaum vorhersagbar sind und die in diesem Fall einen generellen Trend, nämlich die Milanković-Oszillationen, kaschieren.

Die Landsenke spielt hierbei keine erkennbare Rolle. In einer wärmeren Phase sollte sich die Nettoprimärproduktion eigentlich intensivieren, die Biomasse in Folge zunehmen und Kohlendioxid aus der Atmosphäre absorbiert werden. Das wäre eine gegenläufige Korrelation zwischen Temperatur und CO_2, die aber nicht zu beobachten ist. Die Landpflanzen haben auf der Zeitskala von Jahrtausenden, um die es in Abbildung 8 geht, kaum einen Einfluss, weil sie nach ein oder zwei Jahrhunderten jeweils in ein neues Gleichgewicht geraten und ihre Senkenleistung dann entsprechend sinkt. Über lange Betrachtungszeiträume dominiert heute die Wirkung der Ozeane. Das war aber nicht immer so, wie wir in Kapitel 12 sehen werden.

Auf einer Zeitskala von Jahrtausenden befinden sich beide Senken jeweils im Gleichgewicht. Nach den obigen Überlegungen wird der CO_2-Partialdruck in der Atmosphäre dann hauptsächlich durch die Temperatur der Ozeane bestimmt. Dieses Gleichgewichtsmodell berücksichtigt zwar etliche Details wie etwa die Dynamik der Meeresströmungen nicht, aber der Vorteil gegenüber hochkomplexen Klimamodellen ist, dass die Schlussfolgerungen nachvollziehbar sind und die Ergebnisse gut mit den verfügbaren Daten übereinstimmen.

Was macht die Erwärmung mit dem gelösten Kohlendioxid?

Man befürchtet, dass die aktuelle Erwärmung der Weltmeere nicht nur deren Senkenleistung verringert, sondern dass sich die Ozeane ihrerseits zu intensiven Kohlendioxidquellen verwandeln könnten. Auf der Basis des Gleichgewichtsmodells lässt sich die Gefahr abschätzen: Für jede mittlere Temperatur des Wassers kann ein Gleichgewichtsdruck angegeben werden; nur wenn dieser größer ist als der aktuelle CO_2-Partialdruck in der Atmosphäre, werden die Ozeane von Senken zu Quellen. Dabei bleibt jedoch die Frage nach der relevanten Temperatur zu klären: Wie warm oder kalt müssen die Weltmeere sein, damit dieser Effekt eintritt? Da ihre »eigene« Temperatur mit der globalen mittleren Temperatur schwankt, ist sie nur schwer zu bestimmen. Deshalb betrachten wir im Folgenden die Korrelation des CO_2-Partialdrucks mit der globalen mittleren Temperatur. Die Frage lautet also, wie sich das Druckgleichgewicht verändert, wenn die Erde im Mittel um ein paar Grad wärmer wird.

Betrachten wir hierzu die letzten 800 000 Jahre: Am Ende der letzten Eiszeit stieg die Temperatur um ungefähr 8 Grad und der Anteil an Kohlendioxid in der Atmosphäre um rund 100 ppm. Eine Erwärmung um 1 Grad würde dann in einer linearen Näherung einer Erhöhung des CO_2-Partialdrucks um 12,5 ppm entsprechen. Dieser Rechenweg ist sinnvoll, sofern das allgemeine Gasgesetz gilt, was wir hier annehmen. Selbst wenn die globale mittlere Temperatur um 3 Grad stiege, würde sich der Gleichgewichtsdruck folglich um nicht mehr als 40 ppm erhöhen, also am Ende eingerechnet des Basiswerts von 280 ppm ungefähr 320 ppm betragen. Damit wäre er aber noch immer erheblich niedriger als der CO_2-Partialdruck in der Atmosphäre, der heute bei 420 ppm liegt. Das heißt, die Senkenleistung der Ozeane hält auch bei steigender Wassertemperatur noch weiter an. Zwar wird sie sich mit der Zeit etwas abschwächen, da der Druckunterschied schrumpft, aber die Erwärmung der Weltmeere ist ein langsamer Prozess: Während der letzten 800 000 Jahre hinkte die Menge an Kohlendioxid in der Atmosphäre den Temperaturänderungen um etwa 500 Jahre hinterher. Das ist die Zeit, die die riesigen Wassermassen brauchen, bis sie in einer wärmeren Phase ein neues Gleichgewicht erreichen.

Argumente gegen das Gleichgewichtsmodell

Gegen die für dieses Buch zentrale Annahme, dass die Senkenleistung der Ozeane proportional zum CO_2-Partialdruck in der Atmosphäre ist, gibt es ein häufig vorgebrachtes Argument, demzufolge die Senkenleistung stattdessen proportional zur Höhe der anthropogenen Emissionen sei. Der Autor hat eine ganze Weile gebraucht, um zu verstehen, auf welcher Denkweise dieser Einwand beruht. Denn auf den ersten Blick erscheint die Behauptung ein wenig absurd: Wie sollen die Ozeane »wissen«, wie hoch die Emissionen aus der Verbrennung von Kohle, Öl und Gas im jeweiligen Jahr sein werden? Auch würde daraus folgen, dass die Senkenleistung ohne Emissionen schlagartig auf null fiele. Das erscheint zunächst wenig plausibel. Aber unter bestimmten Bedingungen ist diese Vorstellung durchaus richtig. Um das zu erläutern, müssen wir etwas weiter ausholen.

Betrachten wir zwei gekoppelte Gasbehälter, die durch ein offenes Ventil verbunden sind und zwischen denen ein Druckgleichgewicht herrscht. Gas strömt nur dann von einem Behälter in den anderen, wenn der Druck in einem der beiden steigt; ist er ausgeglichen, ruht das Gas. Übertragen auf das Klimasystem ist der eine Behälter die Atmosphäre und der andere die Ozeane. Im Gleichgewicht würde nur dann Gas von der Atmosphäre in die Ozeane strömen, wenn in ihr der Druck steigt; beispielsweise der CO_2-Partialdruck, wenn die Menschen Kohlendioxid emittieren. In der Vorstellung zweier gekoppelter Gasbehälter gilt also tatsächlich, dass die Senkenleistung der Ozeane proportional zu den anthropogenen Emissionen ist. Dann würde sogar, wenn der CO_2-Partialdruck in der Atmosphäre sinkt, Kohlendioxid aus den Ozeanen dorthin zurückströmen. Stimmt das, wäre auch das Budgetmodell richtig und das hier vorgestellte Senkenmodell falsch. Worin besteht also der Unterschied zwischen unseren beiden hypothetischen Gasbehältern und dem realen Atmosphäre-Ozean-System?

Der Fehler liegt in der Annahme, dass sich das Druckgleichgewicht praktisch sofort einstellt. Das reale System ist aber keineswegs im Gleichgewicht, was schon allein daraus folgt, dass die Weltmeere 40-mal so viel Kohlendioxid enthalten wie die Atmosphäre. Der eine Gasbehälter in unserem Modell ist also dramatisch größer als der andere. Wir Menschen haben seit Beginn der industriellen Revolution etwa 2500 Milliarden Tonnen an CO_2 ausgestoßen. Wäre das System im Gleichgewicht, hätte sich das anthropogene Kohlendioxid gleichmäßig über die Atmosphäre und die Ozeane verteilt. Die anthropogenen Emissionen erhöhen aber die Menge an CO_2 in den Weltmeeren nur um etwa zwei Prozent. Hätte sich das Kohlendioxid also gleichmäßig über Atmosphäre und Ozeane verteilt, dann wäre der Gleichgewichtsdruck auch nur um jene zwei Prozent gestiegen – in Zahlen ein Anstieg des CO_2-Partialdrucks von 280 ppm auf 286 ppm.

Tatsächlich ist aber der Aufnahmeprozess der Ozeane langsam. Wir müssen das Bild unserer beiden verbundenen Gasbehälter wie folgt korrigieren: Wie bereits erwähnt, ist der eine 40-mal größer als der andere. Im kleineren Behälter haben wir einen Überdruck von 420 ppm gegenüber dem größeren mit 280 ppm. Die Verbindung zwischen den beiden ist eine enge Düse, durch die sich nur langsam ein Druckausgleich einstellt, und die Menge an Gas, die durch sie strömt, hängt von der Druckdifferenz ab. Wir sind also wieder bei unserer Grundaussage: Die Senkenleistung der Ozeane ist proportional zum CO_2-Partialdruck in der Atmosphäre – oder genauer gesagt, proportional zu der Differenz aus dem aktuellen Partialdruck von 420 ppm und dem alten Gleichgewichtsdruck von 280 ppm. Das erklärt die lineare Zunahme der Senkenleistung mit wachsendem Partialdruck: Je größer die Differenz, desto mehr strömt durch die Düse. Das bedeutet auch, dass die Senkenleistung der Weltmeere noch viele Jahrzehnte und Jahrhunderte anhalten wird.

Das eigentliche Problem besteht also darin, dass die Aufnahme von Kohlendioxid aus der Atmosphäre in die Ozeane nur langsam vonstattengeht. Unser zusätzliches CO_2 ist erst in geringer Menge in den obersten Schichten der Weltmeere angekommen. Der Prozess hat gerade erst begonnen und das System zwischen Ozeanen und Atmosphäre hat noch lange kein Gleichgewicht erreicht. Daher strömen jedes Jahr rund 10 Milliarden Tonnen Kohlendioxid in die Weltmeere hinein. Das würde auch dann weitergehen, wenn die anthropogenen Emissionen auf null fielen.

Wie die Ozeane Kohlendioxid speichern

Das Nettoergebnis der bisherigen qualitativen Überlegungen lautet, dass die Senkenleistung der Ozeane proportional zum CO_2-Partialdruck in der Atmosphäre anwächst. Sie wird so lange andauern, wie dieser Druck höher ist als der Gleichgewichtsdruck, der hauptsächlich von der Temperatur der Weltmeere und folglich von der mittleren globalen Temperatur abhängt. Selbst bei einer globalen Erwärmung um 2 Grad steigt der Gleichgewichtsdruck nur auf knapp über 300 ppm und liegt damit immer noch erheblich unter dem CO_2-Partialdruck in der Atmosphäre. Also werden die Ozeane auf lange Sicht hin weiterhin Kohlendioxid aufnehmen und dieses in einem zweiten, allerdings sehr langsamen Schritt in Kalk umwandeln.

Bisher haben wir noch nicht über die Art und Weise gesprochen, wie die Weltmeere all das Kohlendioxid speichern. Der Mechanismus ist ein anderer als in reinem Wasser, weil die Ozeane aus Salzwasser bestehen. Bestünden sie aus Süßwasser, würden sie im Kohlenstoffkreislauf der Erde nur eine kleine Nebenrolle spielen – tatsächlich spielen sie aber die Hauptrolle. Das liegt daran, dass CO_2 im Ozeanwasser nicht bloß als Kohlensäure oder als physikalisch gelöstes Gas, sondern zusätzlich in Form von Karbonat- und Hydrogenkarbonat-Ionen gespeichert wird. Die Wissenschaft unterscheidet grob zwischen der physikalischen und der biologischen Pumpe. Ersteres meint diejenigen Reaktionen, mit denen das zunächst als Gas gelöste Kohlendioxid über mehrere Schritte in Karbonat- und Hydrogenkarbonat-Ionen umgewandelt wird. Die Prozesse sind hochkompliziert und hängen von diversen Parametern wie der Alkalinität, also dem Säurebindungsvermögen, dem pH-Wert, der Temperatur und dem Druck des Wassers ab. All diese Kennzahlen variieren mit der Tiefe. Beispielsweise fällt der pH-Wert, je weiter unter der Wasseroberfläche man misst, deutlich ab und erreicht etwa im Nordpazifik nach 300 Metern Werte unter 7,5. Im Pazifik ist auch mehr CO_2 in der Form von Karbonaten gespeichert als im Atlantik. Hierbei handelt es sich um die natürliche Variabilität der Eigenschaften des Ozeanwassers. Die viel diskutierte Versauerung betrifft bisher nur die obersten Schichten der Weltmeere und ist mit 0,1 Punkten auf der Skala im Vergleich zur Variation des pH-Werts mit wachsender Tiefe eher geringfügig.

Neben der physikalischen gibt es noch die biologische Pumpe. In den obersten Schichten der Ozeane ist die Menge an physikalisch gelöstem Kohlendioxid deutlich geringer als in den darunterliegenden, weil die dort lebenden Algen dieses bei der Photosynthese verbrauchen. Wie bei den Landpflanzen wird dabei Kohlenstoff in organischen Verbindungen gebunden und Sauerstoff freigesetzt. Wenn die Organismen absterben, sinken sie herunter, wo natürliche Zersetzungsprozesse einen Großteil der Substanzen abbauen und zu CO_2 oxidieren. Dieses Kohlendioxid befindet sich dann zunächst in der Tiefe der Ozeane und kehrt auf Jahre hinaus nicht wieder in die Atmosphäre zurück. Die biologische Pumpe hilft also ebenfalls, die anthropogenen Emissionen abzumildern.

12 Landsenke

Wir wissen bereits, dass Kohlendioxid aus Kohlenstoff und Sauerstoff besteht. Beide Elemente sind für das Leben auf der Erde, wie wir es kennen, unabdingbar: Kohlenstoff bildet die Grundlage für alle organischen chemischen Verbindungen, aus denen beispielsweise die Zellen unseres Körpers und unsere DNA bestehen, und Sauerstoff brauchen wir zum Atmen. Für die Aufspaltung des CO_2 in seine für uns essenziellen Bestandteile sind auf der Erde maßgeblich die Grünpflanzen mit ihrer Photosynthese verantwortlich. Dazu bedarf es Energie und die liefert die Sonne; danach ist sie in der Biomasse gespeichert: Kohle, Öl und Gas sind nichts anderes als die sterblichen Überreste von Pflanzen und Tieren, die vor Jahrmillionen auf der Erde lebten.

Die Verbrennung von fossilen Energieträgern oder von Biomasse macht den Prozess der Photosynthese rückgängig und gibt die ursprüngliche Sonnenenergie als Wärme ab. Dabei werden große Mengen Kohlendioxid frei, denn chemisch betrachtet ist dieser Prozess nichts anderes als eine Reaktion des gebundenen Kohlenstoffs mit dem Sauerstoff in der Luft. Damit sind wir wieder bei der Hauptursache des aktuellen Klimaproblems angekommen.

Kohlendioxid steht also im Mittelpunkt eines gewaltigen und für uns Lebewesen existenziellen Kreislaufs, angetrieben durch die Pflanzen unseres Planeten. Seit der industriellen Revolution hat sich deren Photosyntheseleistung, der »Motor« des Kreislaufs, drastisch erhöht. Derzeit nehmen sie rund 10 Milliarden Tonnen an CO_2 jährlich aus der Atmosphare auf. Warum sie das tun und wie sie sich in ihrer Funktion als Senken künftig entwickeln werden, ist Thema dieses Kapitels.

Netto- und Bruttoprimärproduktion

Startpunkt des Lebens ist also die Photosynthese der Landpflanzen und der photosynthesefähigen Lebewesen, hauptsächlich Algen, in den Ozeanen. Als Bruttoprimärproduktion bezeichnet man die Menge an Kohlenstoff, die die Pflanzen jedes Jahr aus Kohlendioxid gewinnen. Man könnte auch von der Photosyntheseleistung der gesamten Natur sprechen. Wichtiger ist jedoch die Nettoprimärproduktion: Die Pflanzen produzieren im Prozess der Photosynthese beispielsweise Zucker, den sie zur Hälfte sofort wieder als Energiequelle für ihre eigenen Stoffwechsel verbrauchen. Die Nettoprimärproduktion der Landpflanzen insgesamt beträgt rund 100 Milliarden Tonnen CO_2 – grob die Hälfte der Bruttoprimärproduktion und 2,5-mal so viel wie die etwa 40 Milliarden Tonnen, die die Menschheit jährlich ausstößt. Diese Photosyntheseleistung teilt sich ungefähr gleichmäßig auf die Landpflanzen und die Algen in den Ozeanen auf.

Würde die Nettoprimärproduktion tatsächlich der Atmosphäre jährlich 100 Milliarden Tonnen an Kohlendioxid entziehen, müsste das Gas schon längst aus der Atmosphäre verschwunden sein. Doch hat die Medaille eine Kehrseite, nämlich die Zersetzung abgestorbenen Pflanzenmaterials. Auf den ersten Blick ist es ein Nullsummenspiel: Die Nettoprimärproduktion entspricht Jahr für Jahr der Menge an CO_2, die durch den Abbau von Pflanzenmasse freigesetzt wird. Übrig bleibt allenfalls eine geringfügige Senkenleistung, weil etwa Kohlenstoff dauerhaft im Boden gebunden bleibt. Bei genauerer Betrachtung gilt dieser Nullsummencharakter aber nur für Zustände im Gleichgewicht, beispielsweise während der aktuellen Zwischeneiszeit der letzten 10 000 Jahre. Seit 150 Jahren ist dieses jedoch gestört und daher sind die Landpflanzen im Augenblick eine starke Senke.

Das Gleichgewicht der Landpflanzen

Während der letzten 10 000 Jahre war die CO_2-Konzentration in der Atmosphäre praktisch konstant und die Leistung beider Senken vermutlich relativ klein. Für die Landpflanzen ist das zu erwarten, denn die Vegetation erreicht nach einiger Zeit ein Gleichgewicht aus Nettoprimärproduktion und dem Zerfall der Biomasse, wie eben beschrieben. Abbildung 9 zeigt den Verlauf der Senkenleistung für einen theoretischen Modellwald.

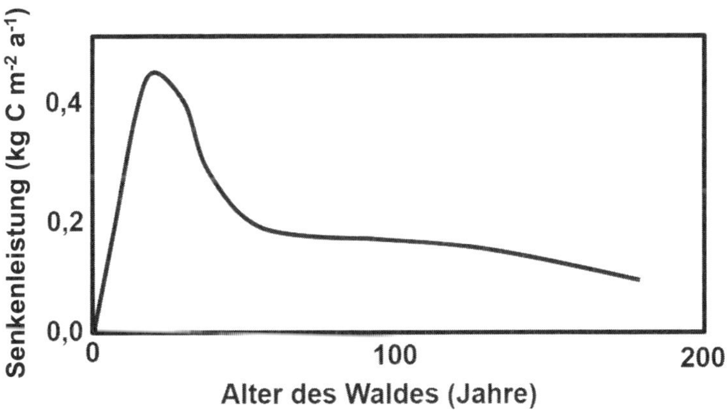

Abbildung 9: Zeitlicher Verlauf der Senkenleistung eines Modellwaldes. Sowohl die genaue Kurve als auch die Zeitskala variieren stark mit der Baumsorte und der Klimaregion.[1]

Ein junger Wald bindet wenig Kohlendioxid pro Jahr und pro Hektar, weil die Pflanzen noch klein sind. Wachsen die Bäume, steigt die Senkenleistung zunächst stark an und erreicht nach 20 oder 30 Jahren ein Maximum. Wird der Wald älter, sinkt die CO_2-Absorptionsfähigkeit wieder ab und erreicht bei etwa einem Drittel des Maximums ein Plateau. Die Senkenleistung der nun erwachsenen Pflanzen bleibt über mehr als 100 Jahre konstant, bis sie schließlich weiter absinkt und gegen null läuft. Sie bricht nicht völlig ein, da sich auch in sehr alten Wäldern noch neue Wurzelmasse und neuer Boden bildet. Der Waldboden wird über die Jahrhunderte immer reicher an gebundenem Kohlenstoff. Allerdings geht dieser Prozess nach 100 oder 200 Jahren nur noch langsam voran. Alte Wälder, die nicht bewirtschaftet werden, sind daher schwache Senken.

Der zeitliche Verlauf der Senkenleistung eines Waldes hängt von der Baumart ab: Manche wachsen langsam, andere schneller, manche sind langlebig, andere sterben rasch wieder ab. Abbildung 9 zeigt nur einen groben qualitativen Verlauf. Auch Sträucher und Gräser haben eine Senkenleistung, die noch stärker mit der Zeit variiert. Erntet oder holzt man die Pflanzen oder Bäume ab und verbrennt die Biomasse, wird das gespeicherte Kohlendioxid wieder freigesetzt. Die Nettowirkung des Prozesses für das Klima ist dann null. Das gilt vermutlich für große Teile der Landwirtschaft und den Anbau von Energiepflanzen. Nur wenn Biomasse den Prozess überdauert, ihre Gesamtmasse auf der Erde also steigt, ergibt sich langfristig eine positive Bilanz. Mittelfristig, auf der Skala von Jahrzehnten oder wenigen Jahrhunderten, sind Wälder und andere Pflanzen wirksame Senken im oben beschriebenen Sinn – jedenfalls solange sie wachsen. Im Augenblick ist das so: Die Erde ergrünt.

Der Amazonas-Regenwald: Senke oder Quelle?

Bei dieser Diskussion der Landpflanzen und ihrer Fähigkeit, Kohlendioxid zu binden, stellt der Amazonas-Regenwald einen Spezialfall dar. Damit ein Wald netto eine Senke ist, muss das absorbierte CO_2 irgendwo bleiben, die Menge an organischem Material also zunehmen. Werden Millionen Tonnen an Kohlenstoff gebunden, sollte seine Biomasse folglich um Millionen Tonnen jährlich wachsen. Im Fall eines jungen Waldes ist das offensichtlich, denn die Bäume schießen auf und verdichten sich; neues Holz und neue Blätter kommen hinzu. Im Fall eines alten Waldes werden die Bäume aber im Mittel nicht mehr größer und der Holzzuwachs stagniert. Sie erreichen das Ende ihres Lebenszyklus, sterben ab und verrotten am Boden. Dabei zersetzen Pilze und Bakterien einen Großteil der Biomasse und setzen das gespeicherte Kohlendioxid wieder frei. Allerdings verbleibt ein Teil im Waldboden, der mit der Zeit zunehmend mit organischen Substanzen angereichert wird. In älteren Wäldern dient dieser sogenannte Humus als Speicher für Kohlenstoff, der ursprünglich aus dem CO_2 der Atmosphäre stammt.

Im Amazonas-Regenwald ist die Humusschicht, die in den gemäßigten Breiten mindestens 30 Zentimeter misst, extrem dünn. Die Wurzeln der Bäume verlaufen dicht unter der Oberfläche und dringen nicht weit in das Erdreich vor. Wenn der Amazonas-Regenwald eine starke Senke sein soll, stellt sich die Frage, was mit den vielen Millionen Tonnen an organischem Material ist, die bei der Extraktion des Kohlendioxids entstanden sein müssen – sie sind nicht zu finden. Möglich wäre zwar, dass sie mit dem Amazonas ins Meer gelangt sind, aber auch das würde bedeuten, dass die meiste Biomasse wieder abgebaut wurde und deshalb netto kaum eine Senkenleistung übrig geblieben sein kann. Stattdessen gilt wohl eher, dass sich der alte Regenwald über Jahrtausende in einem Gleichgewicht zwischen hoher Nettoprimärproduktion und effektiver Verrottung befand. Das passt zu der Tatsache, dass die CO_2-Konzentration während der letzten Jahrtausende vor der Industrialisierung praktisch konstant war.

Die Erde ergrünt

Auf der Erde gibt es in grober Einteilung drei verschiedenen Arten von Wäldern: die immergrünen tropischen Regenwälder, die Wälder in gemäßigten Breiten, die den Jahreszeiten unterworfen sind, und den borealen Wald, wie man ihn in den hohen Breiten Kanadas und Sibiriens findet und der auch Taiga genannt wird. Wie bereits erläutert, gilt für sie alle, dass sie im langfristigen Gleichgewicht nur eine schwache Senkenleistung entfalten. Seit der industriellen Revolution ist diese aber enorm angestiegen (Abbildung 6); die Landpflanzen nehmen laut den Angaben der einschlägigen Forschungsinstitutionen rund ein Viertel der anthropogenen Emissionen auf. Wenn das stimmt, muss ihre Biomasse erheblich zugenommen haben. Es gibt drei starke Indizien, dass das auch tatsächlich der Fall ist.

1. Indiz

Das erste Indiz sind die Messungen der Blattfläche durch den Satelliten »Modis«. Die NASA fasst die Ergebnisse in dem kurzen Satz »Die Erde ergrünt« zusammen. Ein Vergleich der Messungen aus den Jahren 2000 und 2018 fördert ein erstaunliches Ergebnis zutage: Die Blattfläche hat dramatisch zugenommen. Besonders auffällig ist das Ergrünen Chinas und Indiens. Beide Länder haben die Landwirtschaft erheblich intensivieren müssen, um ihre gewaltige Bevölkerung ernähren zu können. Inwieweit der Anbau von Nutzpflanzen, also beispielsweise ein Reisfeld, netto eine Senke darstellt, ist allerdings unklar. Doch die Erde ergrünt auch in Regionen ohne nennenswerten Ackerbau, wie in Abbildung 10 zu sehen: Die tropischen Regenwälder fallen dabei nicht besonders

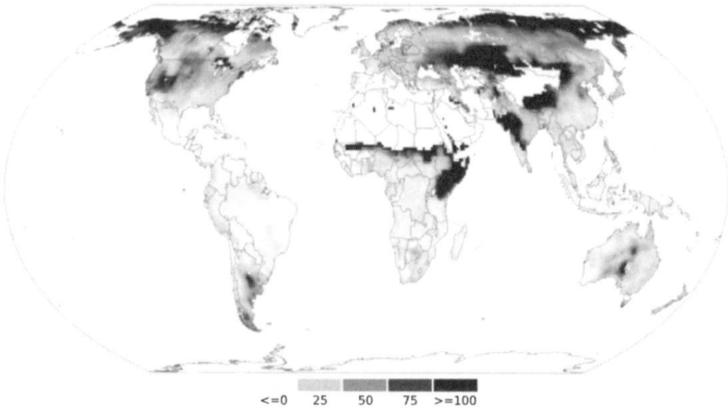

Abbildung 10: Prognostizierte Zunahme der Blattfläche bis zum Ende des 21. Jahrhunderts; nur positive Werte. Satellitenmessungen liegen für die Jahre seit 1990 vor, mit ähnlichem Resultat: Die Erde ist ergrünt und wird auch in Zukunft grüner.[2]

auf, weil sie heute schon dicht bewachsen sind. Dagegen stechen die gemäßigten und hohen Breiten mit einem starken Anstieg der Blattfläche hervor, insbesondere in Teilen Kanadas und Sibiriens. Allerdings ist zu bemerken, dass die angegebene Zuwachsrate – vermutlich aus Darstellungsgründen – auf einem Modellszenario basiert, das von einer unrealistisch heftigen Entwicklung der CO2-Konzentration bis zum Ende des 21. Jahrhunderts ausgeht. Doch selbst in abgeschwächter Form bestätigt die Abbildung gemeinsam mit den Modis-Daten die Aussagen der Wissenschaft denen zufolge die Landsenke ihre Leistung in den letzten Jahrzehnten konsequent gesteigert hat: Die Erde ergrünt und die Landpflanzen absorbieren dabei rund ein Viertel des ausgestoßenen Kohlendioxids.

2. Indiz

Oben haben wir bereits gesehen, dass das von Landpflanzen extrahierte Kohlendioxid zunächst in lebende Pflanzenmasse umgewandelt wird. Das lässt sich beweisen. Seit 1960 misst die Mauna-Loa-Station der NOAA auf Hawaii die jahrzeitliche Modulation der CO_2-Konzentration in der Atmosphäre. Diese Schwankung rührt daher, dass im Frühling und Sommer die Bäume der Nordhalbkugel ergrünen und dabei große Mengen Kohlendioxid aus der Atmosphäre entnehmen. Im Herbst fallen die Blätter zu Boden, werden zersetzt und setzen das CO_2 wieder frei. Daher sinkt die globale Konzentration in den Sommermonaten für eine Weile, entgegen dem allgemeinen Trend des langsamen Anstiegs. Im Spätjahr geht es dann umso steiler wieder nach oben, weil sich die anthropogenen Emissionen und die Emissionen aus dem Zerfall der Biomasse additiv überlagern. Die Amplitude der Modulation skaliert mit der Senkenleistung der Landpflanzen in mittleren und hohen Breiten, also in den Zonen, in denen es ausgeprägte Jahreszeiten gibt. Den Messungen auf Mauna Loa zufolge hat der Ausschlag seit 1960 um rund 15 Prozent zugenommen. Das bedeutet, dass die Photosyntheseleistung in den höheren Breiten der Nordhalbkugel um mindestens diesen Prozentsatz gestiegen ist.

3. Indiz

Diese Zunahme der Senkenleistung der Landpflanzen wird von Modellrechnungen des Weltklimarats bestätigt.[3] Der Sechste Sachstandsbericht des IPCC enthält im Kapitel über den Kohlenstoffkreislauf eine Darstellung der Leistung der Landsenke aufgetragen gegen die geografische Breite. Bei Weitem am meisten Kohlendioxid wird zwischen dem 30. und 70. Grad nördlicher Breite aufgenommen, also in Europa, Russland inklusive Sibirien, Kanada und Alaska. Das legt die Vermutung nahe, dass der größte Beitrag von den Wäldern in den gemäßigten und hohen Breiten stammt – was wiederum zu den Modis-Daten passt, in denen beispielsweise die Regionen in Nordostsibirien dunkel eingefärbt sind. Dort ist also der Zuwachs an Blattfläche extrem stark. Aber wie Studien belegen, wächst der Wald auch in Europa schneller.

Ursachen für die hohe Senkenleistung

Die logische nächste Frage lautet, warum die Leistung der Landsenke so stark angestiegen ist. Im Folgenden diskutieren wir fünf denkbare Kausalbeziehungen, die zu der aktuell hohen Senkenleistung der Pflanzen geführt haben können. Nur wenn wir die zugrundeliegenden Mechanismen verstehen, sind wir auch in der Lage, eine Prognose abzugeben, wie lange dieser günstige Zustand noch anhalten wird und durch welche Maßnahmen er sich vielleicht sogar weiter ausbauen lässt.

1. Ursache: Der CO_2-Düngeeffekt

Der erste und offensichtlichste Grund für die hohe Senkenleistung ist der sogenannte CO_2-Düngeeffekt. Pflanzen benötigen eine bestimmte Menge an Kohlendioxid in der Atmosphäre, um optimal zu wachsen: Unterhalb von 100 ppm verkümmern sie und unterhalb von 50 ppm sterben sie sogar ab. Demgegenüber zeigen Untersuchungen bis 800 ppm, also knapp dem doppelten Wert der heutigen Konzentration, ein immer stärkeres Wachstum der Pflanzen. Dazu wurden Experimente an Hirse und Reis durchgeführt: Hirsepflanzen reagieren weniger empfindlich auf das Kohlendioxid in ihrer Umgebung und kommen auch mit niedrigen Werten noch zurecht. Bei höheren Konzentrationen wachsen sie unter sonst gleichen Bedingungen – Feuchtigkeit, Temperatur, Düngung und Wachstumszeit – zaghaft besser. Reis reagiert dagegen stark auf das CO_2 und wird beim doppelten Anteil relativ zu einer Kontrollgruppe fast doppelt so groß und dicht. Abbildung 11 zeigt die beiden Verläufe im Vergleich. 90 Prozent aller Pflanzen einschließlich der Bäume fallen in die Gruppe der sogenannten C3-Pflanzen und reagieren daher vermutlich ähnlich eindrucksvoll wie der Reis auf die erhöhte Konzentration.

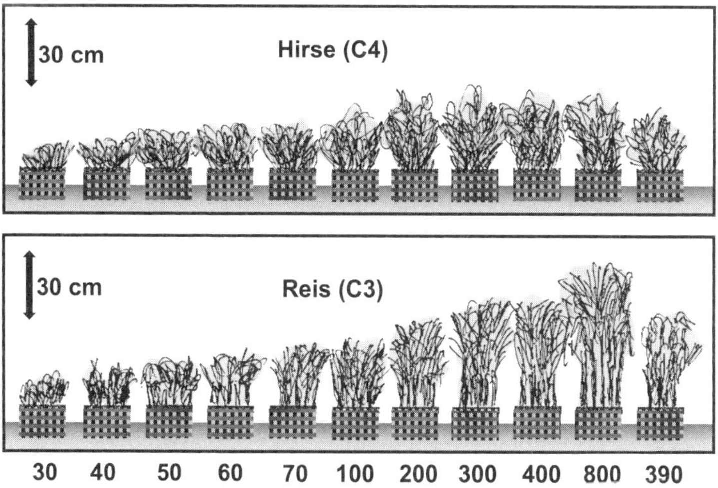

Abbildung 11: Skizzierter Versuchsaufbau zur Demonstration des CO_2-Düngeeffekts für Hirse und Reis. Die Pflanzen wuchsen unter kontrollierten Bedingungen auf, wobei die CO_2-Konzentration in der Umgebung zwischen 30 ppm und 800 ppm variiert wurde.[4]

2. Ursache: Feuchteres Klima

Ein weiterer Faktor sind die zunehmenden Niederschläge in einem wärmeren Klima. Zwar denken die meisten Menschen, dass es bei höheren Temperaturen automatisch trockener wird – vielleicht springt die Assoziation sofort zu Wüsten –, aber für die ganze Erde liegen die Dinge anders. 71 Prozent des Planeten sind von Meeren bedeckt und in einem wärmeren Klima verdampft mehr Wasser. In Folge steigt die Luftfeuchtigkeit. Umgekehrt war das Klima während kalten Perioden stets trocken. Das belegt die hohe Staublast in den Schichten der Eisbohrkerne, die aus den Hochphasen der vergangenen Eiszeiten stammen. Kalte und heftige Stürme trugen die Partikel von den trockenen Kontinenten bis in die Antarktis und hinaus auf das grönländische Eisschild. Daher gilt die Staublast als Indikator für ein arides Klima. Im Gegensatz dazu war die Erde vor rund drei Millionen Jahren, im Pliozän, praktisch eisfrei und erheblich wärmer als heute. Wälder erstreckten sich über große Teile des Globus bis nach Grönland und in die polaren Regionen. Als es dann zu einer Abkühlung kam, mussten die ausgedehnten Grünflächen rasch wieder trockenen Steppen und Savannen weichen.

Viele Klimaforscher sind der Ansicht, dass eine Steigerung der globalen Mitteltemperatur um 2 Grad Celsius zu einem trockeneren Klima führen werde. In seinem Sechsten Sachstandsbericht präsentiert der Weltklimarat jedoch Modellrechnungen für den Temperaturanstieg, denen zufolge die Niederschläge in den meisten Regionen der Erde zunehmen werden.[5] Das stimmt mit der Erwartung überein, dass mehr Wasser aus den Ozeanen verdampft und die Luftfeuchtigkeit insgesamt steigt. Allerdings gibt es in den Klimamodellen den Parameter der Verdunstung. Übersteigt sie die Menge an Niederschlägen, kommt es trotz starker Regenfälle rein rechnerisch zu einem trockeneren Klima. Den Parameter können die Programmierer der Modelle passend einstellen. Ob ihr Urteil der Realität entspricht, wird sich erst dann sagen lassen, wenn es wirklich so warm geworden ist. Gemessen am Verhalten des Klimas in der Erdvergangenheit, wären aride Verhältnisse jedenfalls ungewöhnlich.

Zwar sind auch heute schon einige Regionen trockener geworden, aber das geht nicht auf einen allgemeinen Trend zurück. Stattdessen verschieben sich die Klimazonen durch die Erwärmung in höhere Breiten. Zum Beispiel rückt das Saharaklima im Sommer der Nordhalbkugel in Richtung Mittelmeerraum; Ähnliches gilt für den Südwesten der USA. Im Sommer geraten diese Regionen immer mehr in den sich nach Norden schiebenden Wüstengürtel der Erde, der ursprünglich entlang des nördlichen Wendekreises verlief. Schon jetzt müssen sich die Menschen dort auf sommerliche Dürren einstellen. Die Verschiebung ist außerdem die Ursache für die Waldbrände in Südeuropa und Kalifornien. In den anderen Jahreszeiten kann es dafür aber umso heftiger regnen.

Immer wieder hört man, die Wüsten würden sich ausdehnen. Aber im Klimaoptimum des deutlich wärmeren Holozäns vor 5000 Jahren war die Sahara eine grüne Feuchtsavanne. Könnte die aktuelle Erwärmung wieder zu ähnlichen Verhältnissen führen? Die Modelle der Klimaforschung sagen eine Erhöhung der Niederschläge in der südlichen Zentralsahara vorher. Ob das wirklich eintritt, bleibt abzuwarten. Aus Sicht des Weltklimarats gibt es jedenfalls in einem wärmeren Klima global mehr Niederschläge. In Kombination mit der erhöhten Luftfeuchtigkeit ist das gut für die Pflanzen. Nehmen wir noch die Tatsache hinzu, dass die Erwärmung auf den höheren Anteil an Kohlendioxid in der Atmosphäre zurückgeht, haben wir hier also über den Umweg der Niederschläge erneut eine Kausalbeziehung zwischen den verbesserten Wachstumsbedingungen und dem CO_2-Partialdruck.

3. Ursache: Längere Wachstumsperiode

Ein dritter Faktor, der zu verbesserten Wachstumsbedingungen für die Pflanzen führt, ist der frühere Frühlingsbeginn und der spätere Wintereinbruch. Die jahreszeitliche Variation der Menge an Kohlendioxid in der Atmosphäre, wie sie auf Mauna Loa gemessen wird, zeigt, dass die Nettoprimärproduktion während der Hauptwachstumsmonate hinreichend stark ist, um die CO_2-Konzentration für einige Monate entgegen dem generellen Anstieg durch die anthropogenen Emissionen sinken zu lassen. Wenn sich die Periode des heftigen Pflanzenwachstums im Laufe der warmen Jahreszeit verlängert, verstärkt dies auch die Senkenleistung. Erneut ist hier der wesentliche Faktor wieder die Erwärmung, die ihrerseits auf den erhöhten CO_2-Partialdruck zurückgeht.

4. Ursache: Verschiebung der Klimazonen

Laut den Erkenntnissen der Paläoklimatologen war die Erde während der warmen Phase des Pliozäns vor rund drei Millionen Jahren fast bis zu den Polen bewaldet. In einer Zeichnung von Grönland, wie es damals ausgesehen haben mag, ist eine grün bewaldete Insel mit Flüssen und Bergen zu sehen.[6] Je wärmer die Erde also wird, desto weiter dringen die Wälder in die hohen Breiten ein. Ein Grönland wie in der Zeichnung werden wir aber nicht mehr erleben, denn bis der Eispanzer abgetaut ist, dauert es viele Jahrhunderte oder sogar Jahrtausende. Im Augenblick geht es maßgeblich um die Expansion der Bewaldung in Sibirien, Kanada und Alaska, wo der Weltklimarat außerdem die stärkste Senkenleistung der Landpflanzen erwartet. Durch die Verschiebung der Klimazonen wandern jedoch nicht nur die Bäume langsam nach Norden, auch werden die existierenden Wälder dichter und kräftiger. Beide Faktoren liefern einen wichtigen Beitrag, um die Leistung der Landsenke zu steigern.

5. Ursache: Schnelleres Wachstum

Der fünfte Grund für die erhöhte Senkenleistung ist das wärmere Klima selbst. Pflanzen können die Temperatur ihrer Zellen nicht von allein regeln; sie ist immer ungefähr gleich der Außentemperatur. Ähnlich wie bei tierischen Kaltblütern verlangsamen sich ihre Stoffwechselprozesse, wenn es kälter wird, und sie beschleunigen sich, wenn es wärmer wird. Im zweiten Fall wachsen die Pflanzen entsprechend schneller: Sowohl die Rate der Neubildung von Biomasse als auch die der CO_2-Absorption ziehen an. Im Gleichgewicht beschleunigen sich aber parallel die Zersetzungsprozesse, die den Großteil der Nettoprimärproduktion wieder rückgängig machen. Doch die Wälder befinden sich nicht im Gleichgewicht, sondern sind bis auf Weiteres eine starke Senke – deshalb verstärkt eine höhere Temperatur ihre Leistung.

Zusammenfassend hängt die Leistung der Landsenke also von den Wachstumsbedingungen der Pflanzen ab. Die fünf wichtigsten Faktoren sind der CO_2-Düngeeffekt, mehr Feuchtigkeit, die verlängerte Wachstumsperiode in den gemäßigten Breiten, die Verschiebung der Klimazonen und die höhere Temperatur. Natürlich stehen ihnen Phänomene wie Waldbrände und Dürren entgegen, aber im globalen Mittelwert dürften die positiven Effekte überwiegen. Die Satellitendaten beweisen, dass der Planet in den letzten drei Jahrzehnten massiv ergrünt ist.

Je nach Jahr variiert die Senkenleistung den Klimamodellen zufolge ganz erheblich. Aber im Mittel steigt sie, wie wir bereits gesehen haben, ungefähr proportional zum CO_2-Partialdruck in der Atmosphäre an. Davon hängen der Düngeeffekt direkt und die anderen vier Ursachen indirekt über die Erwärmung ab. Die Annahme einer Proportionalität, also eines linearen Zusammenhangs zwischen Senkenleistung und CO_2-Partialdruck, ist eine sehr grobe Näherung. Jeder der genannten fünf Mechanismen wird andere Abhängigkeiten haben. Aber wenn diese nicht bekannt sind, nimmt man in der Wissenschaft häufig eine hypothetische Proportionalität als Arbeitsgrundlage an. Die Daten über die Leistung der Landsenke in den vergangenen Jahrzehnten bestätigen, dass die Annahme zumindest in der Vergangenheit grob richtig war. Eine Frage, die jetzt noch offen ist, lautet, wie lange die Senkenleistung der Landpflanzen auf dem aktuellen Niveau bleiben wird. Da wir nun einige Mechanismen kennengelernt haben, die für die derzeitigen Verhältnisse ursächlich sind, können wir versuchen, eine Prognose abzugeben.

Die Zukunft der Landsenke

In der »Zusammenfassung für Entscheidungsträger« des Sechsten Sachstandsberichts kommen die Senken nicht vor.[7] Im Kapitel zum Kohlenstoffkreislauf steht nur eine Anmerkung, dass die Landsenke und die Ozeansenke in naher Zukunft erschöpft sein werden. Einen naturwissenschaftlichen Grund für das rasche Versagen sucht man vergebens.[8] Als Beweis werden stattdessen Kurven aus Modellrechnungen präsentiert, die zeigen sollen, dass die Leistung der Senken parallel in den nächsten Jahrzehnten auf Werte nahe null abfällt. Wenig plausibel scheint, dass beide ein so ähnliches Sättigungsverhalten an den Tag legen, da sie ihrer Natur nach fundamental unterschiedlich sind. Der Autor ist während der Vorbereitung dieses Buches häufig der Auffassung begegnet, dass die Existenz der Senken nicht in der Öffentlichkeit diskutiert werden sollte, um die Dringlichkeit der radikalen Klimaschutzmaßnahmen nicht abzuschwächen. Möglicherweise sind die Programmierer der Computermodelle derselben Ansicht.

Auf Basis unseres Verständnisses der Mechanismen, die zu der hohen Senkenleistung der Landpflanzen führen, können wir selbst eine Vorhersage wagen. Im Gegensatz zu den Klimamodellen basiert diese Prognose auf einer transparenten naturwissenschaftlichen Argumentation. Ausgangspunkt ist der zeitliche Verlauf der Senkenleistung für ein einzelnes Waldbiotop. Wir erinnern uns: Auf der Skala von wenigen Jahrzehnten steigt sie in einem jungen Wald stark an und fällt bald darauf wieder auf die Hälfte. Dieses Niveau bleibt über rund 100 Jahre erhalten und sinkt dann langsam weiter ab.

Weiterhin belegen Experimente den CO_2-Düngeeffekt an C3-Pflanzen wie Reis, zu denen auch die meisten Bäume gehören. In einer groben Näherung nehmen wir an, dass der Effekt zu einer Proportionalität zwischen Senkenleistung und CO_2-Partialdruck führt. Diese Annahme wird durch die parallele Entwicklung der beiden Messgrößen in den vergangenen Jahrzehnten gestützt. Auch die anderen vier genannten Faktoren können annähernd mit einer Proportionalität zum CO_2-Partialdruck erfasst werden. Steigt dieser, erhöht sich die Leistung der Landsenke parallel. Gelingt es schließlich, die Emissionen herunterzufahren und dadurch den Druckanstieg zu stoppen, zieht die Senkenleistung auch nicht weiter an, sondern nimmt langsam mit der Zeitkonstanten eines älteren Waldes ab. Ausgehend davon wird die Landsenke für etwa 100 Jahre ähnlich wie die Ozeansenke große Mengen an Kohlendioxid aufnehmen.

Dem läuft allerdings eine Tatsache zuwider: Denn diese Überlegungen beziehen sich auf die Verallgemeinerung eines idealisierten Waldbiotops, nicht auf die Gesamtheit der Landpflanzen auf der Erde – und die können nicht unbegrenzt immer mehr Kohlendioxid absorbieren. Ihr Wachstum ist begrenzt durch die Verfügbarkeit von Nährstoffen im Boden, ausreichende Niederschläge und genügend Fläche für die Ausbreitung der Wälder – von Gefahren in Form von Schädlingen, Feuer und Zerstörung durch den Menschen ganz abgesehen. Ab welcher Senkenleistung diese Begrenzungen greifen, ist schwer zu sagen. Die Klimaforschung hat schon vor 50 Jahren die baldige Sättigung beider Senken vorhergesagt, doch ihre Prognosen wurden immer wieder von der Realität als falsch entlarvt.

Zusammenfassend kann man vielleicht davon ausgehen, dass die angenommene Proportionalität des Wachstums zur CO_2-Konzentration bis mindestens 500 ppm anhält. Die verstärkenden Temperatureffekte werden vermutlich noch bis mindestens 2 Grad Erwärmung fortdauern, da die Pflanzen selbst in einem deutlich heißeren Klima der Erdvergangenheit, wie beispielsweise während des Pliozäns, prächtig gediehen. Auch können sie unter günstigen Bedingungen so viel Kohlendioxid verarbeiten, dass die Sauerstoffkonzentration merklich zunimmt. Das zeigen zumindest Daten aus der längerfristigen Klimageschichte – doch davon sind wir heute noch weit entfernt.

13 Methan

Methan, chemisches Formelzeichen CH_4, ist das zweitwichtigste anthropogene Treibhausgas. Seine Konzentration in der Atmosphäre hat ähnlich wie die des Kohlendioxids seit der industriellen Revolution erheblich zugenommen. In den Jahrtausenden vor 1750 schwankte sie zwischen 600 und 800 ppb – »parts per billion«, also die Anzahl der Teilchen pro eine Milliarde Luftteilchen. Die Maßeinheit ist damit um den Faktor 1000 kleiner als beim CO_2. Während dessen Konzentration seit 1750 um etwa 50 Prozent zugenommen hat, ist sie beim Methan mit 1923 ppb im Dezember 2023 auf das Dreifache des vorindustriellen Werts gestiegen.[1] Das klingt zunächst alarmierend, doch die absoluten Mengen sind deutlich geringer: Die heutige Konzentration liegt bei knapp unter 2 ppm – zur Umrechnung teilt man den Wert in ppb durch 1000 –, während sie beim Kohlendioxid ganze 420 ppm beträgt. Es ist also 200-mal mehr CO_2 in der Atmosphäre.

Entspräche die Treibhauswirkung des Methans der des Kohlendioxids, bräuchten wir nicht über Einsparungen zu reden, denn der Beitrag des Gases wäre vernachlässigbar klein. Das ist jedoch nicht der Fall: Laut den Klimamodellen übersteigt die Treibhauswirkung eines Methanmoleküls die eines Kohlendioxidmoleküls um das 28-Fache.[2] Diese Zahl lässt sich weder nachmessen noch verifizieren oder falsifizieren. Da sie aber in vielen Fachpublikationen zum Thema Methan genannt wird, übernehmen wir sie hier zunächst.

Weil also die Treibhauswirkung eines jeden Methanmoleküls laut den Klimamodellen so dramatisch ausfällt, ist es notwendig, sich neben dem Kohlendioxid auch mit diesem Gas zu beschäftigen. Die

Literaturangaben über den Beitrag des Methans zur Erderwärmung schwanken zwischen 15 und 20 Prozent je nach Quelle. Auch diese Zahlen stammen aus Klimamodellen, denn es ist nicht möglich, den Beitrag eines einzelnen Treibhausgases zur Erderwärmung separat zu messen. Man kann nur die Temperatur und die jeweiligen Konzentrationen in der Atmosphäre bestimmen. Daher bleibt zu hoffen, dass die wesentlichen Aussagen der Modelle wie beispielsweise der Beitrag des Methans zur Erwärmung grundsätzlich richtig sind. Denn die enorme Klimawirkung eines jeden Methanmoleküls bildet die Grundlage der Forderungen diverser Klimaaktivisten, -journalisten und -politiker nach der breiten Umstellung auf eine vegane Lebensweise. Die folgenden Abschnitte zeigen, dass es für derartig radikale Maßnahmen keine echte wissenschaftliche Grundlage gibt.

Im Sechsten Sachstandsbericht des Weltklimarats werden abhängig vom jeweiligen Szenario die Anteile der verschiedenen Klimagase an der Erwärmung bis zum Jahr 2300 berechnet.[3] Das Erstaunliche dabei ist, dass der Beitrag des Methans in vier von fünf SSP-Szenarien auf unter 10 Prozent sinkt. Die Abkürzung steht für »Shared Socioeconomic Pathways« (Gemeinsame sozioökonomische Entwicklungspfade). Damit versucht man, die Zukunft der Gesellschaft hinsichtlich des Klimas auf eine finite Zahl möglicher Szenarien herunterzubrechen, von »Nachhaltigkeit« (SSP1-1.9) bis hin zu »Fossil befeuerte Entwicklung« (SSP5-8.5). Nur auf der »Mitte des Weges« (SSP2-4.5) liegt der Wert mit 11 Prozent etwas höher. Es ist zunächst unklar, warum die Bedeutung des Methans fast unabhängig davon, welche Maßnahmen die Staatengemeinschaft in den kommenden Jahrzehnten und Jahrhunderten ergreifen wird, auf einen so geringen Prozentsatz absinkt. Sogar in dem kurzen Zeitintervall seit 1980 ist der Beitrag des Gases zur Erderwärmung stetig von 20 Prozent auf 15 Prozent gesunken, obwohl parallel dazu seine Konzentration in der Atmosphäre sogar stärker als beim Kohlendioxid zugenommen hat.

Über die Abnahme der Bedeutung des Methans können hier nur Vermutungen angestellt werden. Eine Möglichkeit ist das Phänomen der Sättigung: Durch den heftigeren Anstieg der Konzentration verglichen mit dem CO_2 sind die einzelnen Absorptionslinien möglicherweise bald gesättigt. Das heißt, sie absorbieren in ihrem engen Wellenbereich bereits so stark, dass zusätzliches Methan in der Atmosphäre weniger und weniger Wirkung zeigt. Hinzu kommt, dass seine Absorptionslinien sich teilweise mit denen des Wasserdampfs überschneiden: Wird die Atmosphäre aufgrund der Erwärmung und der daraus resultierenden Verdampfung des Ozeanwassers feuchter, sinkt der Beitrag des Methans, weil der Wasserdampf die entsprechenden Wellenlängen ohnehin blockiert.

Das bedeutet, dass sich die hauptsächlichen Maßnahmen zur Bewältigung des Klimaproblems auf das Kohlendioxid konzentrieren sollten. Trotzdem werden wir im Folgenden ein Konzept diskutieren, wie sich auch die Methankonzentration in der Atmosphäre stabilisieren und sogar reduzieren lässt. Wie Abbildung 12 zeigt, hat das Präzedenz: Zwischen 1998 und 2007 kam der stetige Anstieg des Klimagases zum Stillstand; die Konzentration in der Atmosphäre blieb konstant. In diesem Zeitraum hielten sich

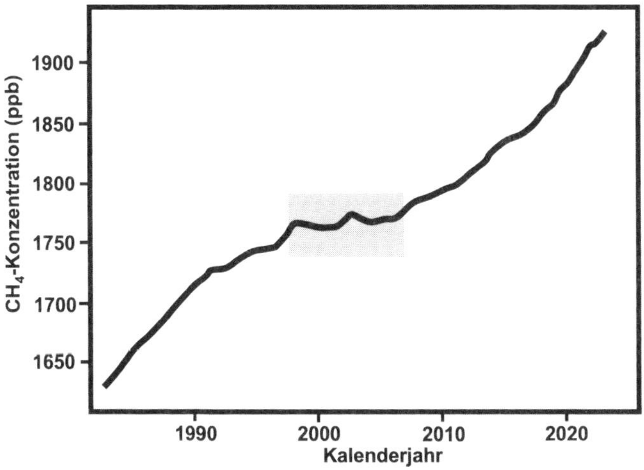

Abbildung 12: Zeitlicher Verlauf der Methankonzentration in der Atmosphäre seit 1985. Im grau hinterlegten Zeitraum blieb die Menge praktisch konstant.[4]

vermutlich die Quellen und Senken die Waage. Genau darauf zielt das Senkenmodell für das Kohlendioxid ab. Beim Methan ist diese Situation schon einmal eingetreten. Um zu verstehen, wie es dazu kam und wie ein solcher Zustand ohne drastische Verbote wieder herbeigeführt werden kann, müssen wir uns näher mit den Quellen und Senken dieses Klimagases beschäftigen.

Methanquellen und -senken

Über die Höhe der jährlichen Beiträge des Methans, aufgegliedert nach den einzelnen Quellen, ist erstaunlich wenig bekannt. Im Sechsten Sachstandsbericht des Weltklimarats, speziell im Kapitel über den Kohlenstoffkreislauf, beschäftigen sich die Wissenschaftler zwar ausführlich mit dem Treibhausgas und nennen auch viele Zahlen, diese widersprechen sich aber teilweise und weisen enorm große Unsicherheitsbereiche auf. Die Forscher versuchen, die Anteile der einzelnen Quellen auf zwei verschiedene Arten zu bestimmen: »Bottom-up« und »Top-down«. Bei beiden Methoden werden Computermodelle verwendet. Es handelt sich daher nicht wirklich um belastbare experimentelle Daten. Bei »Bottom-up« geht man von lokalen Messungen aus und extrapoliert diese auf die gesamte Erde. Beispielsweise werden die Methanemissionen einzelner Seen in Kanada bestimmt und dann auf alle Seen in den hohen Breiten der Nordhalbkugel hochgerechnet. »Top-Down« basiert noch stärker auf Computermodellen und nimmt die Daten der Methankonzentration in der Atmosphäre als Ausgangpunkt. Daher liefert dieser Ansatz keine detaillierten Aussagen über die Beträge einzelner Methanquellen wie etwa der Viehhaltung. Das wäre aber notwendig, um radikale Forderungen wie die Umstellung auf eine vegane Ernährungsweise zu begründen.

Zwei verschiedene Methoden für eine wenigstens grobe Abschätzung zu verwenden, wenn es sonst keine ausreichenden Daten gibt, ist vernünftig. Allerdings ergibt dies nur dann Sinn, wenn beide zu ähnlichen Ergebnissen führen – was hier nicht der Fall ist. Stellt man zum Beispiel die Frage, ob die natürlichen Quellen stärker beitragen als die anthropogenen, widersprechen sich die Antworten. Im Zeitraum zwischen 2008 und 2017 kommt das »Bottom-up«-Modell etwa zu dem Ergebnis, dass Erstere einen geringfügig größeren Einfluss haben als Letztere. Nach dem »Top-down«-Modell sind die natürlichen Emissionen demgegenüber um mehr als die Hälfte niedriger als die anthropogenen. In seinem Bericht verwendet der Weltklimarat manchmal den einen Zahlensatz und manchmal den anderen. Die beiden passen aber nicht zusammen. Insgesamt handelt es sich bei den bezifferten Angaben des IPCC zum Methan nach den Maßstäben der Physik um erschreckend ungenaue und widersprüchliche Schätzungen. Erschreckend sind sie deshalb, weil die Forderungen zur Umstellung der Lebensweise aller Menschen auf der Erde auf diesen Zahlen beruhen.

Trotz der sehr unsicheren Datenlage lassen sich einige generelle Aussagen zu den Quellen und Senken des Methankreislaufs im Vergleich zum Kohlendioxidkreislauf treffen. Zunächst sind die Mengen, die aus der Natur und den menschlichen Aktivitäten in die Atmosphäre abgegeben werden, sehr viel kleiner als beim CO_2. Die natürlichen Emissionen belaufen sich auf geschätzte 300 Millionen Tonnen pro Jahr. Das ist das Mittel der beiden Zahlenwerte für »Bottom-up« und »Top-down«, wobei der Unsicherheitsbereich von 183 bis 488 Millionen Tonnen reicht. Die wirkliche Zahl ist unbekannt, aber um überhaupt eine Arbeitsgrundlage zu haben, gehen wir im Weiteren von 300 Millionen Tonnen aus. Demgegenüber verursachen die menschlichen Aktivitäten pro Jahr rund 350 Millionen Tonnen an Ausstoß mit einem Unsicherheitsbereich von 335 bis 383 Millionen Tonnen. Die Zahlen zu den anthropogenen Quellen sind also, mutmaßlich aufgrund einer günstigeren Datenlage, insgesamt zuverlässiger. Zusammengerechnet liegen die jährlichen Emissionen noch deutlich unter einer Milliarde Tonnen pro Jahr. Das ist zwar rund 40-mal weniger als beim Kohlendioxid, da aber Methan laut den Klimamodellen eine erheblich stärkere

Treibhauswirkung entfaltet, stellt ein Ausstoß in dieser Größenordnung trotzdem ein erhebliches Problem dar.

Der zweite große Unterschied zum Kohlendioxid ist die zeitliche Entwicklung der menschlich verursachten Methanemissionen. Dem Sechsten Sachstandsbericht des Weltklimarats zufolge haben diese seit 40 Jahren praktisch nicht zugenommen, sondern lediglich von Jahr zu Jahr um 20 Prozent geschwankt;[5] zudem gibt es im Gegensatz zum CO_2 keinen permanenten Anstieg. Das sagen zumindest die Zahlen des IPCC. Da ein Teil des anthropogenen Ausstoßes aus Ackerbau und der Viehhaltung stammt, ist das erstaunlich. Denn die Landwirtschaft muss alle 12 Jahre eine Milliarde Menschen mehr ernähren. Daher wäre zu erwarten, dass ihre Methanemissionen ständig steigen – das scheint jedoch nicht der Fall zu sein.

Der dritte große Unterschied zum Kohlendioxid betrifft die natürlichen Senken. Statt der Ozeane und Landpflanzen ist es beim Methan die Atmosphäre selbst, die rund 90 Prozent aller Emissionen absorbiert. Das Gas wird dort nämlich aufgrund seiner chemischen Instabilität und hohen Reaktivität effizient abgebaut. Methan ist brennbar und oxidiert mit dem Sauerstoff der Luft in mehreren Schritten zu CO_2. Auf den ersten Blick mag das wie ein Nullsummenspiel erscheinen, wenn sich ein Treibhausgas in ein anderes verwandelt, doch dann denken wir an die Mengenverhältnisse zurück: Da es so viel weniger Methan in der Atmosphäre gibt, fällt das auf diese Weise entstandene Kohlendioxid kaum ins Gewicht; obendrein ist CO_2 weniger klimaschädlich. Daraus folgt, dass die Atmosphäre eine effiziente Methansenke ist. Wenn sich also an der Stärke der Emissionen oder an der Senkenleistung auch nur geringfügig etwas ändert, könnte das dazu führen, dass sich Quellen und Senken die Waage halten. Die Konzentration in der Atmosphäre bliebe dann konstant.

Die Gleichschaltung von Methan und Kohlendioxid

Mittlerweile dürfte klar sein, dass sich das Methanproblem in mehreren Aspekten grundlegend vom Kohlendioxidproblem unterscheidet und dass die Strategien, beide in den Griff zu bekommen, sich daher ebenfalls grundlegend unterscheiden sollten. Aber in der öffentlichen Debatte und vielen Fachpublikationen werden die Methanemissionen einfach über den Faktor 28, wie bereits an früherer Stelle angesprochen, in »CO_2-äquivalente« Zahlen umgerechnet und den Kohlendioxidemissionen zugeschlagen: Eine reale Million Tonnen ausgestoßenes Methan erscheint dann in den öffentlichen Statistiken als 28 Millionen Tonnen ausgestoßene CO_2e. Das angehängte »e« signalisiert dabei zum einen die Umrechnung in eine quantitativ größere Menge an Kohlendioxid und zum anderen die qualitative Gleichsetzung der Klimawirkungen. Das ist unwissenschaftlich. Bei Methan handelt es sich um ein grundsätzlich anderes Treibhausgas, das aus anderen Quellen stammt, weitaus kürzer in der Atmosphäre verweilt und zu 90 Prozent abgebaut wird. Zudem interagiert es nicht mit den beiden großen Senken und auch die schrittweise Abnahme seines Beitrags zur Klimaerwärmung wird bei dieser Gleichsetzung ignoriert.

Der Faktor 28

Die jährlichen Methanemissionen liegen für alle Quellen zusammen bei weniger als einer Milliarde Tonnen. Der anthropogene Anteil macht davon mit ungefähr 350 Millionen Tonnen rund die Hälfte aus. Verglichen mit dem Kohlendioxid ist das nur rund ein Achtzigstel der Emissionen; einzig die 28-fach stärkere Klimawirkung lässt das Methan zu einem Problem werden. Wie aber kommt man auf diese Zahl? Der Autor hatte große Mühe, das herauszufinden. Geometrisch ist das Methanmolekül ungefähr genauso groß wie das CO_2-Molekül. Beim Treibhauseffekt geht es allerdings nicht um diese Eigenschaft, sondern um die Infrarotabsorption. Das ist die Wahrscheinlichkeit, dass das Molekül ein Photon mit einer Wellenlänge im Infrarotbereich auf seiner Reise vom warmen Erdboden in den kalten Weltraum blockiert. Dabei ordnet die Physik jedem Gas in der Atmosphäre eine virtuelle Fläche zu, eine Art Zielscheibe, die man als Wirkungsquerschnitt bezeichnet. Je größer diese Trefferfläche ist, um so eher absorbiert das jeweilige Molekül ein Infrarotphoton und umso stärker ist die Klimawirkung. Die Annahme liegt nahe, dass der Faktor 28 auf den 28-fach größeren Wirkungsquerschnitt des Methans gegenüber dem Kohlendioxid zurückgeht. Aber diese Aussage entspricht nicht der Wahrheit: Die Wirkungsquerschnitte, die im Labor zuverlässig gemessen werden können, scheinen in etwa gleich groß zu sein.[6] Hinzu kommt, dass die Absorptionsbanden von Methan mit denen des Wasserdampfs überlappen. Das sollte seine Treibhauswirkung weiter abschwächen.[7]

Wieso ist dann ein Methanmolekül trotzdem so viel klimawirksamer als ein Kohlendioxidmolekül? Es stellt sich heraus, dass der Faktor 28 von keinem Messinstrument angezeigt wird. Uns fehlt die Möglichkeit, ihn experimentell nachzuweisen oder zu überprüfen. Der Faktor 28 ist ein Ergebnis der Klimamodelle[8] und nur ihre Programmierer können wissen, ob er der Wahrheit nahekommt oder nicht. Hier haben wir wieder einen Bruch des Grundprinzips der Naturwissenschaft: Eine Aussage ist nur dann verwertbar, wenn sie sich falsifizieren lässt. Mit anderen Worten: Naturwissenschaft besteht in der Übereinstimmung von Theorie und Experiment. Der Faktor 28 ist reine Theorie und noch dazu eine, die nur ein kleiner Personenkreis durchschauen kann. Veröffentlichungen im Bereich der Klimawissenschaften verwenden ihn zwar ständig, sie bemühen sich aber nicht um eine qualitative Erklärung dieser Eigenschaft.

In einer Publikation, unter anderem von Nobelpreisträger Paul Crutzen, wird schließlich einmal versuchsweise erklärt, wo der Faktor 28 herkommen könnte. Man begründet ihn mit der enormen

Sättigung der Absorption durch das Kohlendioxid. Weil sich bereits so viel CO_2 in der Erdatmosphäre befindet, seien etliche Infrarotwellenlängen in den Bereichen, in denen das Gas hauptsächlich absorbiert, schon gesättigt. Folglich habe mehr Kohlendioxid dort kaum noch eine Auswirkung. Der Bereich, in dem das Methan absorbiert, sei aber bisher frei und daher könne jedes Molekül seine volle Klimawirkung entfalten. Hier gibt es allerdings einen Widerspruch. Eines der wichtigsten, wenn nicht sogar das wichtigste Dogma der Klimaforschung lautet, dass die CO_2-Absorption nicht gesättigt ist – denn sonst würde zusätzliches Kohlendioxid in der Atmosphäre kaum noch eine weitere Erwärmung zur Folge haben. Der Ansatz, die starke Klimawirkung des Methans mit der vermeintlich schwachen des CO_2 zu erklären, erscheint daher alles andere als schlüssig.

An dieser Stelle müssen wir die Frage nach dem Ursprung des Faktors 28 offenlassen. Von offizieller Stelle gibt es nur die Information, dass es so eben aus den Klimamodellen herauskomme. Aber die Simulationen sind undurchschaubar und in mancherlei Hinsicht aus der Sicht des Autors widersprüchlich. Wir können nur hoffen, dass es mit den Angaben der Klimawissenschaft trotz der Ungereimtheiten seine Richtigkeit hat. Der Autor hegt aber bei Punkten wie dem Faktor 28 ernste Zweifel. In Ermangelung besserer Alternativen nehmen wir bis auf Weiteres an, dass Methanmoleküle tatsächlich 28-mal klimawirksamer als Kohlendioxidmoleküle sind. Ohne diese Prämisse hätten wir uns das Kapitel nämlich beinahe sparen können.

Methanstopp zur Jahrtausendwende

Zwischen 1998 und 2007 blieb die Methankonzentration in der Atmosphäre für einige Jahre konstant (Abbildung 12). Dies stellt die einzige Unterbrechung einer ansonsten monoton steigenden Kurve dar. Da es das erste Ziel der Klimaschutzmaßnahmen sein muss, einen weiteren Anstieg der Menge an Treibhausgasen in der Atmosphäre aufzuhalten, ist es sinnvoll, die Ursachen für diese Stagnation genauer zu untersuchen. Wie oben bereits dargelegt, werden ungefähr 90 Prozent der Methanemissionen in der Atmosphäre abgebaut. Die Quellen überwiegen die Leistung der natürlichen Senke also im Gegensatz zum Kohlendioxid nur um rund 10 Prozent. Hätten sie aus irgendeinem Grund in diesen Jahren rund ein Zehntel weniger Methan emittiert, würde das den unterbrochenen Anstieg erklären. Für den Zeitraum wäre die Bilanz dann ausgeglichen gewesen.

Die Fachpublikationen liefern unterschiedliche Erklärungsansätze für das Plateau. Der aus Sicht des Autors plausibelste ist der Zusammenbruch der Sowjetunion in den Jahren nach 1990; insbesondere im Hinblick auf die ungewollten Methanemissionen als Nebeneffekt des Abbaus fossiler Energieträger.[9] So kommt es bei der Förderung, dem Transport und der Lagerung von Erdgas immer wieder zu Lecks, bei denen große Mengen des methanhaltigen Gemischs entweichen. Außerdem findet sich das Klimagas in Bergwerken, wo es in Poren in der Kohle oder dem umgebenden Gestein gespeichert ist und beim Abbau frei wird. Schließlich löst sich Methan auch bei der Gewinnung von Erdöl in Form des sogenannten Begleitgases aus den Lagerstätten und muss daraufhin meist abgefackelt werden. Der Zusammenbruch der Sowjetunion führte zu einer schweren Krise, in deren Verlauf die Kohle-, Öl- und Gasförderung einbrach. Das geschah ungefähr in dem fraglichen Zeitraum. Es wäre also möglich, dass der Förderrückgang fossiler Energieträger im früheren Einflussgebiet der Sowjetunion zu einem parallelen Rückgang dieser ungewollten Methanemissionen geführt hat. Der Effekt könnte so stark gewesen sein, dass die Konzentration des Gases in der Atmosphäre für eine Weile nicht weiter anstieg.

Der aktuelle Anstieg der Methankonzentration

Das uralte Methan aus Lagerstätten fossiler Energieträger hat eine etwas andere Zusammensetzung als sein Pendant aus biogenen Quellen, wie zum Beispiel aus der Verrottung von Pflanzenmasse, das sogenannte Sumpfgas, oder aus Kuhmägen. Der Unterschied besteht in den Verhältnissen der Isotope, also unterschiedlicher »Gewichtsklassen« desselben Atoms, beim Kohlenstoff. Durch genaue Messungen der Zusammensetzung lässt sich ermitteln, ob das Methan aus Lagerstätten stammt oder biogenen Ursprungs ist. In der Zeit vor dem Plateau um die Jahrtausendwende geht der Anstieg der Konzentration hauptsächlich auf fossile Quellen zurück. Das bedeutet, ein großer Teil des in die Atmosphäre strömenden Methans stammte vor 1997 aus der Förderung von Kohle, Öl und Gas. Heute hat sich das Isotopenverhältnis geändert und das Gros des ausgestoßenen Methans ist biogenen Ursprungs.[10] Deshalb muss es entsprechende Quellen geben, die seit 2005 massiv an Intensität zugenommen haben.

Satellitendaten

Mit Satelliten können zum einen intensive Punktquellen wie etwa Pipeline-Lecks festgestellt werden, zum anderen lassen sich aber auch großräumig die Emissionen ganzer Länder und Regionen vermessen.[11] Dabei fallen vor allem zwei Staaten besonders ins Auge: China und Indien. Beide haben in den letzten zwei Jahrzehnten ihre landwirtschaftliche Produktion massiv erhöht, um ihre wachsende Bevölkerung versorgen zu können. Hier geht es also nicht um Emissionen aus der Viehhaltung, sondern um solche zum Beispiel aus Reis- und Getreidefeldern. Diese Daten werden von Satellitenmessungen zur globalen Zunahme der Blattfläche unterstützt: Demnach sind China und Indien regelrecht ergrünt und werden auch in Zukunft grüner (Abbildung 10).[12] So erklärt sich also die Zunahme der Emissionen seit 2005 mit der Intensivierung der Landwirtschaft in großen Schwellenländern. Das passt auch zu der geänderten Isotopenzusammensetzung des atmosphärischen Methans. An diesen Emissionen kann man allerdings kaum etwas ändern, denn die Menschen in den bevölkerungsreichen Staaten haben ein Recht auf Nahrungsmittel und ernähren sich zumindest im Falle Indiens ohnehin hauptsächlich pflanzlich. Das aktuelle Methanproblem ist also kein Problem der Viehhaltung.

Wie bereits erwähnt können die Satelliten auch intensive Punktquellen, dargestellt in Abbildung 13, identifizieren. Dazu gehören beispielsweise Mülldeponien, der Kohlebergbau sowie die Öl- und Gasförderung. Wenn es gelänge, diese einzudämmen oder zu versiegeln, bestünde eine gute Chance, dass sich die Bilanz wieder ausgleichen ließe. Zum Beispiel würde es genügen, das an der Quelle anfallende Methan einfach zu verbrennen. Dabei entstünde zwar Kohlendioxid, aber weil die Größenordnungen andere sind, wäre der Ausstoß minimal. Eine erfolgreiche Identifikation und Versiegelung der Punktquellen könnte das Methanproblem also vorerst lösen.

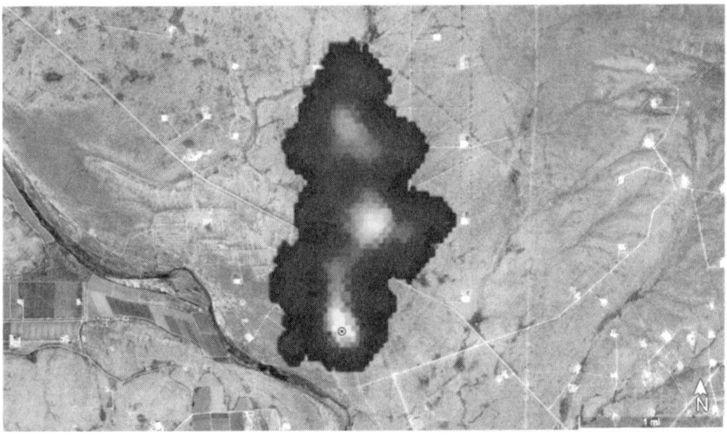

Abbildung 13: Satellitenaufnahme einer drei Kilometer langen Methanwolke nahe Carlsbad in New Mexico.[13]

Strategien, das Methanproblem in den Griff zu bekommen

Die Datenlage ist beim Methan sehr viel schlechter als beim Kohlendioxid. Daher fällt es schwer, diejenigen menschlichen Aktivitäten herauszugreifen, die am stärksten zu den Emissionen beitragen. Bei der Viehhaltung, die in diesem Kontext häufig genannt wird, kommt noch hinzu, dass es nicht nur um die Milch- und Fleischproduktion geht: Ein großer Einzelbeitrag von »Kuhmethan« stammt laut dem Weltklimarat aus Indien, und zwar von den Heiligen Kühen und den Wasserbüffeln. Tabelle 1 zeigt eine Zusammenstellung der wichtigsten Daten zum Methan aus dem Sechsten Sachstandsbericht des IPCC. Diese Zahlen sind allerdings mit großer Vorsicht zu genießen, denn die Fehlermargen, die aus Gründen der Übersichtlichkeit hier nicht mit angegeben sind, fallen recht groß aus.

Gesamtemissionen	**590**
Zunahme Atmosphäre	**19**
Quelle fossile Energien	115
Quelle Mülldeponien	65
Quelle Feuchtgebiete	150
Quelle Landwirtschaft	210
Quelle Wiederkäuer	110
Senkenleistung (OH-Radikale)	**483 bis 682**

Tabelle 1: Methanemissionen und Senkenleistung nach Quellen in Millionen Tonnen pro Jahr.[14]

Aus der Tabelle ergibt sich eine Handlungsempfehlung. Wie wir gesehen haben, genügt eine relativ kleine Reduktion, damit die Senkenleistung die Summe der natürlichen und anthropogenen Methanemissionen wieder übersteigt. Der Ausstoß aus der Landwirtschaft und der Viehhaltung lässt sich jedoch nur mit großem Aufwand senken. Dagegen machen die Förderung fossiler Energien und die Mülldeponien zusammen etwa ein Drittel der menschlichen Methanemissionen aus. Hier könnte man den Ausstoß deutlich leichter auf ein Maß reduzieren, das einen weiteren Anstieg der Konzentration in der Atmosphäre verhindert. Der pragmatische Lösungsweg wäre also, zunächst satellitengestützt nach intensiven Punktquellen zu suchen und diese daraufhin im Rahmen internationaler Zusammenarbeit abzuschwächen oder ganz zu beseitigen.

14 Verstärkung der Senkenleistung

Der Plan B hat zwei Hauptkomponenten, die ihn attraktiv machen. Erstens genügt es für das Erreichen des ersten Teilziels, den weiteren Anstieg der CO_2-Konzentration in der Atmosphäre aufzuhalten, also die Emissionen auf rund 20 Milliarden Tonnen jährlich zu reduzieren. Die zweite wesentliche Komponente des Plan B ist die Möglichkeit, durch sanfte Maßnahmen die Leistung der beiden großen natürlichen Senken zu verstärken. Das Potenzial der hier besprochenen Methoden ist um etliche Größenordnungen höher als alle anderen im deutschsprachigen Raum diskutierten Verfahren zur Extraktion von Kohlendioxid wie etwa CCS oder DAC. Im Folgenden werden kurz die wichtigsten Ansätze vorgestellt; eine ausführliche Diskussion würde den Rahmen dieses Buches jedoch sprengen.

Verstärkung der Ozeansenke

Die Menge an Kohlendioxid, die derzeit in Karbonat- oder Hydrogencarbonat-Ionen im Ozean gebunden ist, übersteigt die des atmosphärischen CO_2 um das 40-Fache. In Kapitel 11 haben wir bereits festgestellt, dass die Weltmeere ohne Probleme die Gesamtmenge des anthropogenen Ausstoßes aufnehmen könnten. Die Konzentration im Wasser würde dabei nur um ein oder zwei Prozent zunehmen. Das Problem besteht einzig darin, dass der Aufnahmeprozess so langsam ist.

Könnte man das Tempo, mit dem die Ozeane überschüssiges Kohlendioxid aus der Atmosphäre aufnehmen, um das Zehnfache erhöhen, hätte die Menschheit kein Klimaproblem mehr. Wir wissen mittlerweile, dass die Geschwindigkeit des Prozesses von der Druckdifferenz des im Wasser gelösten Kohlendioxids und dem CO_2-Partialdruck in der Atmosphäre abhängt. Der mittlere Druck in den Ozeanen entspricht mit 280 ppm ungefähr dem Gleichgewichtsdruck aus der vorindustriellen Zeit, doch der Atmosphärendruck liegt mit 420 ppm deutlich höher, was die derzeitige Senkenleistung erklärt. Bei der Frage, wie schnell die Weltmeere bei gegebenem Überdruck Kohlendioxid aufnehmen, kommt es im Wesentlichen auf die Geschwindigkeit der Durchmischung an: In der obersten Wasserschicht wird rasch ein Gleichgewicht erreicht, aber sie kann eben nur wenig CO_2 aufnehmen. Entscheidend ist der Weitertransport in tiefere Zonen, der recht langsam vonstattengeht.

Für das Gros der Senkenleistung verantwortlich sind die Bereiche, in denen warmes Oberflächenwasser umgewälzt wird. Davon gibt es auf der Welt derzeit zwei: Der erste ist der Nordatlantik, wo das Wasser des Golfstroms in große Tiefen absinkt und als kalte Strömung nach Süden zurückfließt. Der zweite befindet sich zwischen dem 30. und 50. Grad südlicher Breite und umfasst zum Beispiel den Meeresarm zwischen Australien und der Antarktis, den südlichen Pazifik und auch den Südatlantik. In diesen Absinkzonen wird kohlendioxidreiches Oberflächenwasser in tiefere Schichten transportiert. Hier muss man folglich ansetzen und die Umwälzgeschwindigkeit erhöhen.

Von der Vielzahl der Ideen, wie die Ozeane dem Menschen helfen könnten, das Klimaproblem einzudämmen, werden im Folgenden einige wenige kurz beschrieben. Grundlage ist eine Studie der Nationalen Akademie der Wissenschaften in den USA aus dem Jahr 2022 mit dem Titel »Ocean-Based Carbon Dioxide Removal« (Kohlendioxidentfernung auf Basis der Ozeane).[1] Im Folgenden werden vier Methoden näher beschreiben:

1. **Durchmischung der Wasserschichten**
2. **Düngung mit Nährstoffen**

3. **Anbau von Seetang**
4. **Gesteinsmehl**

Durchmischung der Wasserschichten

Der Ansatz, die Durchmischung tieferer Meeresschichten mit denen an der Oberfläche zu verbessern, ist vermutlich für eine groß angelegte CO_2-Extraktion aus der Atmosphäre zu teuer und zu aufwendig, weil dabei gigantische Mengen an Wasser umgewälzt werden müssten. Jedoch kann das Verfahren dazu beitragen, die biologische Pumpe der Ozeane zu intensivieren. Beim »Artificial Upwelling« (Künstlicher Auftrieb) wird über ein langes, senkrechtes Rohr Tiefenwasser heraufgepumpt. Dieses verteilt sich daraufhin in den oberen Wasserschichten und leitet aufgrund seines Nährstoffreichtums eine Algenblüte ein. Algen stehen ganz am Anfang der maritimen Nahrungskette, liefern Meereslebewesen Nahrung und steigern dadurch den Fischreichtum in der Umgebung des Upwelling-Rohres. Mit dieser Methode lassen sich also die Fangerträge der Fischerei erhöhen. Indirekt wird dabei auch Kohlendioxid gebunden, da sich die Menge an Biomasse im Meer erhöht, aber das kann nicht das primäre Ziel sein, da die Mengen dafür zu klein sind.

Beim »Artificial Downwelling« (Künstliches Absinken) geschieht das genaue Gegenteil: Ein ähnliches Rohr wird verwendet, um sauerstoffreiches Oberflächenwasser in tiefere Zonen zu pumpen. Das ist zum Beispiel für küstennahe Gewässer interessant, die durch Überdüngung unter Sauerstoffmangel leiden. Hier geht es ebenfalls um die Verbesserung der Lebensbedingungen von Ökosystemen, aber in tieferen Schichten. Beide Verfahren können auch in Süßwasserseen angewandt werden, beispielsweise wenn diese durch Überdüngung und Sauerstoffmangel umzukippen drohen. Die Studie kommt jedoch zu dem Schluss, dass sowohl Up- als auch Downwelling für eine nennenswerte Extraktion von Kohlendioxid aus der Atmosphäre zu aufwendig und zu teuer sind.

Düngung mit Nährstoffen

Demgegenüber ist der Ansatz, die Ozeane zu düngen, eine vielversprechende und bezahlbare Methode, um Millionen oder sogar Milliarden Tonnen an Kohlendioxid aus der Atmosphäre zu entfernen. Wie bereits erwähnt, kann CO_2 grundsätzlich auf zwei Arten in den Weltmeeren eingespeichert werden: mittels der physikalischen und mittels der biologischen Pumpe, die auf der Photosynthese des Phytoplanktons beruht. Die Lebewesen spalten ähnlich wie die Landpflanzen das physikalisch im Wasser gelöste Kohlendioxid in Kohlenstoff und Sauerstoff. Dadurch sinkt die CO_2-Konzentration in der obersten Wasserschicht, wodurch die Ozeane wieder größere Mengen aus der Atmosphäre aufnehmen können.

Die Leistung der biologischen Pumpe hängt ähnlich wie das Wachstum der Ackerpflanzen von der Verfügbarkeit von Nährstoffen ab. Große Teile der Weltmeere sind aber aus biologischer Sicht Wüsten. Aufgrund des gravierenden Mangels an Nährstoffen gibt es nur wenig Phytoplankton; entsprechend niedrig ist die Photosyntheseleistung. Die Nährstoffe werden hauptsächlich über die Flüsse und den Wind von den Kontinenten in die Ozeane transportiert. Dadurch kommen sie selten weit aufs Wasser hinaus und konzentrieren sich überwiegend in Küstennähe. Doch ähnlich wie bei der Düngung von Feldern können die Nährstoffe auch mit Schiffen ausgebracht werden. Das Resultat solch einer Ozeandüngung ist eine Algenblüte mit einer anschließenden Zunahme des Artenreichtums und der Fischpopulation wie im letzten Abschnitt beschrieben.

Die biologische Pumpe arbeitet in den sonnendurchfluteten oberen Bereichen der Weltmeere so effizient, dass der Kohlendioxidanteil dort rund zehn Prozent geringer ist als in den tieferen Regionen, in die das Licht nicht mehr vordringt.[2] In ihr steckt also ein enormes Potenzial, aber sie braucht Nährstoffe, um die notwendige Photosyntheseleistung zu erbringen. In einer Vorlesung im Jahr 1988 stellte John Martin, ein Wissenschaftler an der Woods

Hole Oceanographic Institution, eine provokante These auf, indem er behauptete, mit einem halben Tanker gefüllt mit Eisendünger eine neue Eiszeit einleiten zu können.[3] Das war eine Übertreibung, aber im Kern hatte er recht.

Der große Vorteil des Verfahrens besteht darin, dass geringe Mengen an Nährstoffen bereits genügen, um große Mengen an CO_2 zu binden. Das Massenverhältnis von gebundenem Kohlenstoff zu verbrauchtem Eisendünger wird in der Studie mit 1:1000 abgeschätzt: Mit 0,1 Prozent der globalen Jahresproduktion an Eisen könnte man mehrere Milliarden Tonnen an Kohlendioxid zunächst mittelfristig in den Ozeanen binden. Ob es dort auch langfristig verbleibt, ist unklar. Im Augenblick wäre selbst eine zeitlich limitierte Speicherung für einige Jahrzehnte ein großer Zeitgewinn. Die Kosten der Methode werden nicht angegeben, sind aber vermutlich niedrig. Nur gibt es ein ernstes Problem: Umweltschützer befürchten bei künstlichen Eingriffen in das Ökosystem Meer unbeabsichtigte schädliche Nebenwirkungen. Deshalb bekämpfen sie jedes Forschungsprojekt, das zum Ziel hat, die biologische Pumpe der Ozeane zwecks CO_2-Extraktion zu intensivieren. Damit entfällt diese Möglichkeit, das Klimaproblem einzudämmen, zumindest vorerst.

Anbau von Seetang

Ähnlich wie ein Acker an Land kann eine Ozeanfläche auch als Anbaugebiet betrachtet werden: Seetang wächst normalerweise nur in Küstennähe, da sich die Pflanzen am Meeresboden verankern müssen. In den tieferen Zonen der Weltmeere ist es aber möglich, künstliche Seetang-Gärten anzulegen. Dabei können Seile oder Ketten, die von Bojen an der Oberfläche nach unten laufen, als Ankerpunkte für die Pflanzen dienen. Seetang wächst schnell und entzieht dem Wasser über die Photosynthese Kohlendioxid, sodass die Ozeane in diesen Regionen wieder mehr aus der Atmosphäre aufnehmen können.

Darüber hinaus lässt sich die Pflanze für viele Anwendungen nutzen: Seetang eignet sich als Grundstoff zur Nahrungsmittelherstellung und kann als Viehfutter oder als Ausgangsstoff zur Gewinnung von Biotreibstoffen eingesetzt werden. Die Verwendung als Nutzpflanze setzt das gebundene Kohlendioxid allerdings wieder frei. Gelänge es, dieses mittelfristig oder sogar dauerhaft in den Weltmeeren zu halten, wäre die Methode gut geeignet, um CO_2 aus der Atmosphäre zu extrahieren. Das könnte zum Beispiel dadurch geschehen, dass man abgestorbenen Seetang in tiefe Schichten der Ozeane absinken lässt. Um Kohlendioxid im Bereich von Gigatonnen zu extrahieren, sind jedoch große Anbauflächen notwendig. Welche Folge das für die Meereslebewesen hat, muss noch genauer untersucht werden, um die Umweltverträglichkeit des Verfahrens zu gewährleisten. Die Kosten für die Extraktion sind vermutlich relativ gering, denn die notwendige Energie liefert die Sonne.

Gesteinsmehl

Die Fähigkeit der Ozeane, Kohlendioxid zu absorbieren, hängt entscheidend von einer ausreichend hohen Alkalinität ab. Diese bestimmt unter anderem den pH-Wert des Wassers, der wiederum die physikalischen und chemischen Gleichgewichtsreaktionen kontrolliert, die zur Speicherung von CO_2 in den Weltmeeren beitragen; dazu sollte er möglichst oberhalb von 8 liegen. Sinkt der pH-Wert durch das zusätzlich gelöste Kohlendioxid zu stark ab, ist das auch ein Problem für die kalkbildenden Organismen. Die Alkalinität wird von einer ganzen Reihe an im Ozeanwasser gelösten Substanzen bestimmt, maßgeblich von Salzen, die über Flüsse in die Meere gelangen. Einen wichtigen Beitrag dazu leistet die Erosion verschiedener Gesteine.

Entsprechend sollte, so der Ansatz, eine künstliche Erhöhung der Alkalinität durch Verklappung von Gesteinsmehl eine gesteigerte Senkenleistung der Ozeane zur Folge haben. Laut einer Theorie kühlte sich das Klima in der Erdvergangenheit während Phasen erhöhter tektonischer Aktivität sogar ab. Werden neue Gebirge aufgefaltet, kommt es zu verstärkter Erosion und mehr Erosionsprodukte gelangen über die Flüsse ins Meer. Das erhöht die CO_2-Aufnahmegeschwindigkeit der Weltmeere, eine Abkühlung ist die Folge. Dabei handelt es sich allerdings gemäß der Studie bisher nur um eine Hypothese.

Eine Umsetzung wäre vergleichsweise einfach: Große Mengen an geeignetem Gestein würden zermahlen und in die Ozeane ausgebracht. Geeignet sind zum Beispiel pulverisierte Silikat- oder Karbonatgesteine oder deren lösliche Verbindungen. Besonders eignen sich Mineralien wie Wollastonit, Olivin, Anorthit und Karbonatmineralien wie Calcit und Dolomit, aber auch Basalt oder Granit können verwendet werden. Dann wäre allerdings der Effekt schwächer und man würde eine größere Menge an Gesteinsmehl benötigen, um die gleiche Menge an CO_2 zu binden.

Die Methode hat aber einen Nachteil: Ihr Wirkungsgrad ist schlechter als eins. Das heißt, für jede Tonne an extrahiertem Kohlendioxid müssen im günstigsten Fall eine oder – bei weniger gut geeigneten Mineralien – mehrere Tonnen Gestein verklappt werden. Angesichts der Milliarden Tonnen an CO_2, die jedes Jahr bei der Verbrennung fossiler Energieträger emittiert werden, bräuchte man also im gleichen Intervall etliche Milliarden Tonnen an Mineralien- oder Gesteinsmehl, von Abbau-, Verarbeitungs- und Transportkosten ganz zu schweigen.

In der US-Studie wird das Extraktionspotenzial dieser Methode auf 0,1 bis 1 Gigatonne Kohlendioxid pro Jahr geschätzt. Angesichts der 40 Milliarden Tonnen, um die es eigentlich geht, erscheint das als zu wenig. Eine alternative Anwendung könnte der Einsatz gegen die Versauerung besonders betroffener Meeresregionen sein. Die Kosten werden mit moderaten 100 bis 150 Dollar pro Tonne CO_2 beziffert; da es aber um enorm große Mengen geht, ist diese Schätzung unsicher.

Die Idee, die Senkenleistung der Ozeane mit sanften Methoden zu steigern, steckt noch in den Kinderschuhen. Das ist auch daran zu erkennen, dass verschiedene Publikationen zu dem Thema zu unterschiedlichen Ergebnissen kommen. Eine Studie unter Federführung des Kiel Institute of World Economy resümiert etwa 2021, dass bis auf das Verklappen von Gesteinsmehl keine der genannten Methoden sinnvoll sei.[4] Der Eisendüngung attestiert die Publikation ein niedriges Potenzial, dem Anbau von Algen zwar ein hohes Potenzial und niedrige Kosten, dafür aber eine schlechte Umsetzbarkeit. Immerhin sind die Autoren der Kieler Studie der Meinung, dass die Weltmeere grundsätzlich zu einer stärkeren CO_2-Aufnahme gebracht werden könnten. Das Hauptproblem aus Sicht des Autors dieses Buches ist, dass Pilotprojekte selbst für naheliegende und einfache Methoden von Umwelt- und Klimaschützern torpediert werden, wie schon mehrfach in der Vergangenheit geschehen. Daher sind die Ansätze bisher größtenteils reine Theorie geblieben.

Verstärkung der Landsenke

Zurzeit nehmen die Landpflanzen, allen voran die Wälder der mittleren und hohen Breiten, jährlich rund 10 Milliarden Tonnen an Kohlendioxid auf. Das entspricht im Augenblick rund einem Viertel der anthropogenen Emissionen. In Folge nimmt die globale Biomasse zu und die Erde ergrünt. Das ist eine Konsequenz mehrerer Faktoren: Zunächst wirkt sich die stark erhöhte CO_2-Konzentration direkt als Dünger auf das Pflanzenwachstum aus. Weiterhin wird es global wärmer und feuchter. Die Wachstumsperiode in den mittleren und hohen Breiten verlängert sich, weil der Frühling früher kommt und der Herbst später eintritt. Auch wandert die Baumgrenze: Die Wälder der hohen Breiten in Alaska, Kanada und Sibirien werden dichter und dehnen sich nach Norden aus.

Diese Faktoren lassen sich mit geeigneten Maßnahmen verstärken. Eine naheliegende Methode, die sofort angewendet werden könnte, ist das selektive Herausschlagen alter Bäume, die kaum noch Kohlendioxid aufnehmen. Das gilt zum Beispiel auch für den Amazonas-Regenwald. Jahrhundertealte Baumbestände befinden sich in einem ökologischen Gleichgewicht aus Holzuwachs und -zersetzung; die Senkenleistung ist netto fast bei null. Aus der Sicht des Klimaschutzes wäre es sinnvoll, die alten Bäume herauszunehmen und ihr Holz einer dauerhaften Nutzung zuzuführen. Gleichzeitig sollten neue Setzlinge gepflanzt werden. Das Ökosystem muss dabei möglichst erhalten bleiben, sodass auch die jungen Bäume eine optimale Umgebung vorfinden. Mit diesem Ansatz, den man auf jede Klimazone und Vegetation individuell zuschneiden kann, lässt sich relativ einfach effektiver Klimaschutz leisten.

Es gibt darüber hinaus eine Vielzahl von Ansätzen, entweder den Zersetzungsprozess abzuschwächen oder die Nettoprimärproduktion zu erhöhen. In der Literatur werden die Methoden genauer beschrieben und ihr jeweiliges Potenzial abgeschätzt. In der Summe ist es möglich, unter Einsatz der Landpflanzen vielleicht 20 oder sogar 30 Milliarden Tonnen Kohlendioxid zusätzlich pro Jahr zu extrahieren. Damit wäre das Klimaproblem der Menschheit zumindest auf der Zeitskala von mehreren Jahrzehnten gelöst. Allerdings setzen diese Ideen einen globalen Handlungswillen voraus. Das gilt für beide Senken: Nur länderübergreifendes Denken führt zum Ziel. Im Folgenden sprechen wir einige der wichtigsten Verfahren kurz an. Wie schon bei den Ozeanen würde eine ausführliche Diskussion der Vielfalt an Methoden, die Landsenke zu verstärken, ein eigenes Buch erfordern.

Aufforstung

Ein Baum ist in gewisser Weise eine große CO_2-Extraktions-Maschine, die Kohlendioxid in Biomasse, also Holz, Blätter und Wurzeln, umwandelt. Junge, stark wachsende Bäume dienen dem Klimaschutz in hervorragender Weise. Deshalb ist die Aufforstung von Regionen, in denen bisher keine Wälder gewachsen sind, ein naheliegender Gedanke. Allerdings darf das Holz nicht verbrannt werden, da das CO_2 sonst wieder freigesetzt und der beabsichtigte Effekt zunichtegemacht wird. Stattdessen muss es langfristig als Bau- und Werkstoff oder in der Papierherstellung Anwendung finden. In einer vieldiskutierten Studie aus dem Jahr 2019 hat die Arbeitsgruppe um Professor Thomas Crowther an der ETH Zürich das Potenzial der Aufforstung von Wäldern auf Brachflächen berechnet.[5] Das Ergebnis lautet, dass dadurch grob zwei Drittel der bisherigen anthropogenen Treibhausgasemissionen aufgenommen werden können.

In China bemüht man sich, die Wüste Gobi durch den Bau einer grünen Chinesischen Mauer aus Bäumen, der »Green Wall«, zurückzudrängen. Auch wurde die lokale Bevölkerung angewiesen, das Holz nicht zu verbrennen. Die Autoren einer Übersichtspublikation aus China, die 2022 in der renommierten Wissenschaftszeitschrift *Nature* erschien, schätzen das Potenzial an zusätzlicher Senkenleistung durch eine Optimierung der Land- und Forstwirtschaft auf rund 50 Milliarden Tonnen pro Jahr.[6] Diese enorm große Zahl ergibt sich aus einer Kombination vieler verschiedener Maßnahmen. Wenn sie recht haben, hieße das, dass das Klimaproblem allein durch einen optimalen Einsatz von globaler Land- und Forstwirtschaft eingedämmt werden kann; bei gleichzeitiger Nahrungsmittelsicherheit für die Bevölkerung. Aber auch hier ist die globale Umsetzung essenziell.

Project Drawdown

Eine Initiative aus den USA ist das Project Drawdown. In ihrem Buch *Drawdown – der Plan* beschreiben die Autoren über 70 Einzelmaßnahmen, um das Klimaproblem auf sanfte Art und Weise und sozialverträglich einzudämmen;[7] davon betreffen 11 die Landsenke. Project Drawdown zufolge können im Zeitraum von 2020 bis 2050 durch eine Verstärkung ihrer Senkenleistung unter Miteinbeziehung der Landwirtschaft und der Viehhaltung rund 200 Milliarden Tonnen an Kohlendioxid eingespart oder extrahiert werden. Das sind 6,7 Milliarden Tonnen pro Jahr, also ein erheblich niedrigerer Wert als bei den beiden vorher genannten Studien, der zeigt, wie groß die Unsicherheit selbst unter Fachleuten ist. Allerdings legen die Autoren den Schwerpunkt auch nicht auf die Landsenke, sondern sehen das Hauptpotenzial bei der Vermeidung von Lebensmittelabfällen und dem Umstieg auf eine vegetarische Ernährung. Ein weiterer wesentlicher Punkt ist die Familienplanung, also ein Abbremsen des Bevölkerungswachstums. Damit hat Project Drawdown ein Alleinstellungsmerkmal in der gesamten Klima- und Umweltdebatte: Dieser Punkt wird in keiner anderen Studie erwähnt.

Umstellung der Landwirtschaft

Im Gegensatz dazu sieht der Weltklimarat in der Reduktion der Lebensmittelverschwendung und im Umstieg auf eine vegetarische Ernährung nur ein geringes Potenzial.[8] In seinem Sechsten Sachstandsbericht stellt der IPCC drei Maßnahmen vor, die hohe Einsparungen versprechen. Die erste betrifft die Umstellung auf eine Landwirtschaft, die nicht nur Nahrungsmittel produziert, sondern nebenbei auch Kohlendioxid bindet. Das lässt sich zum Beispiel mit mehrjährigen Ackerpflanzen erreichen, die im Lauf der Zeit immer mehr Wurzelmasse aufbauen, oder mit Waldweiden, in denen die Tiere unter Bäumen grasen. Die beiden anderen Maßnahmen sind der Erhalt der Wälder und anderer Ökosysteme sowie Aufforstung und Wiederaufforstung. Das Potenzial dieser drei Punkte wird mit insgesamt 10 Milliarden Tonnen CO_2 pro Jahr angegeben. Das ist zwar erneut weniger als in den Studien der ETH und aus China, würde aber trotzdem eine dramatische Abschwächung der Klimaproblematik bedeuten.

LULUCF

Auch die EU hat die Landpflanzen entdeckt. In einer Presseerklärung vom 11. November 2022 berichtet die Europäische Kommission vom erfolgreichen Abschluss einer Vereinbarung, durch die Optimierung der Landsenke 310 Millionen Tonnen an CO_2-Äquivalenten bis 2030 einzusparen.[9] Der Deal trägt den kreativen Namen »Land Use, Land-Use Change and Forestry« (Landnutzung, Landnutzungsänderung und Forstwirtschaft) oder abgekürzt LULUCF. Leider entspricht das vermutlich ehrgeizig formulierte Ziel nur etwa 44 Millionen Tonnen an Einsparungen pro Jahr, also rund einem Tausendstel der globalen Emissionen. Dieses Beispiel illustriert noch einmal, dass uns nur globales Denken weiterhilft; lokale Ansätze können der Größenordnung des Problems nicht gerecht werden. Das gilt insbesondere im Bereich der Land- und Forstwirtschaft, da die westlichen Industrieländer relativ zu ihrem Reichtum nur eine kleine Bevölkerung zu versorgen haben.

Das theoretische Leistungspotenzial der Landsenke ist ähnlich gewaltig wie das der Ozeansenke. Die Methoden scheinen auf den ersten Blick leichter umsetzbar, fordern aber in jedem Fall eine gemeinsame Anstrengung möglichst vieler Staaten der Erde. Insbesondere die großen Flächenländer wie die USA, China, Kanada, Russland, Brasilien und Nigeria sowie die EU als Staatenverbund sind hier gefragt. Die Wirtschaft in den Industrienationen kann die Maßnahmen finanziell unterstützen und sich dies als Kompensation für ein bestimmtes Maß an CO_2-Emissionen anrechnen lassen. So ist es möglich, auch weiterhin einen gewissen Ausstoß dort zu tolerieren, wo er sich nur schwer vermeiden lässt. Die radikalen Forderungen einer totalen Dekarbonisierung wirken angesichts dieser Möglichkeiten überzogen und haben ohnehin keine Chance auf eine globale Realisierung.

Die verschiedenen Studien geben sehr unterschiedliche Zahlen für die Einsparmöglichkeiten durch die Landpflanzen an. Höchstwerte gehen bis 50 Milliarden Tonnen pro Jahr, aber realistischer sind vielleicht 20 bis 30 Milliarden Tonnen, wenn alle Länder mitmachen. Tabelle 2 zeigt vernünftige Richtwerte aus der Perspektive des Autors.

Aufforstung	20
Wiederaufforstung	7
Waldbewirtschaftung	> 2
Landwirtschaft	> 2 bis 3

Tabelle 2: Geschätztes Einsparpotenzial nach Maßnahme in Gigatonnen pro Jahr.

Die Senkenleistung der Landpflanzen wird allerdings durch Abholzung, Verbrennung von Biomasse und die Nutzung von Energiepflanzen wieder zunichtegemacht. Deutschland und die EU stufen das Verbrennen von Holz und Holzpellets als klimaneutral ein. Das Gegenteil ist jedoch der Fall. Dabei werden erheblich mehr Kohlendioxid und andere Schadstoffe wie etwa Feinstaub freigesetzt als bei der Verbrennung von Erdgas. Hinzu kommt, dass die Senkenleistung der Wälder, die man für die Pellets abholzt, verloren geht. In diesem Sinn schadet die Nutzung von Holz und Energiepflanzen dem Klima sogar doppelt. Bei der Biomasse von Pflanzen handelt es sich um nichts anderes als aus der Atmosphäre extrahiertes CO_2. Sie wieder zu verbrennen ist unsinnig. Das gilt vor allem im Vergleich zu der energieintensiven technischen Abscheidung von Kohlendioxid wie etwa bei der DAC-Methode. Das Verfahren macht nichts anderes als ein Wald; nur, dass ein Wald mit der Energie der Sonne arbeitet und das CO_2 in eine handlich lagerbare Form umwandelt. Der Grund, warum Holz und Energiepflanzen in Deutschland und der EU als klimaneutral eingestuft werden, ist finanzieller Natur und hängt mit Subventionen zusammen. Da bleibt die Vernunft auf der Strecke.

15 Budgetmodell versus Senkenmodell

Das politische Ziel einer Dekarbonisierung bis 2050 basiert auf dem Budgetmodell, das seinerseits auf die Modellrechnungen einiger Klimaforscher zurückgeht. Demzufolge verfügt die Menschheit nur noch über eine fixe Menge an Kohlendioxid, die ausgestoßen werden darf, bevor die Temperaturziele des Pariser Abkommens überschritten werden. Ist dieses »Budget« aufgebraucht, müssen die anthropogenen Emissionen auf absolut null fallen. Zudem macht es keinen Unterschied, ob wir über einen langen Zeitraum wenig oder über einen kurzen Zeitraum viel CO_2 ausstoßen. Das Budgetmodell ist in Europa und insbesondere in Deutschland die Grundlage für praktisch alle politischen Maßnahmen und insbesondere die vielen Einschränkungen, Verbote und Verteuerungen, unter denen Bürger und Unternehmen leiden. Gleichwohl wird es von den meisten Klimaaktivisten, -journalisten und -politikern akzeptiert.

Spricht man die Verfechter des Budgetmodells auf die Senken an, behaupten sie, man habe diese mit eingerechnet – wo und wie, wird aber nicht gesagt. Weiterhin argumentiert man, dass die Senken in nächster Zukunft gesättigt seien und ihre Leistung bald auf null abfallen werde. Daher spiele ihre Existenz für die Lösung des Klimaproblems keine Rolle. Sollten also die Senken im Widerspruch dazu bis auf Weiteres ihre hohe Leistung bewahren, wäre das Budgetmodell falsch und das Senkenmodell korrekt. Die entscheidende Frage lautet folglich, ob sie sich rasch erschöpfen werden oder ob sie uns mittelfristig im Fall der Landsenke und langfristig im Fall der Ozeansenke erhalten bleiben. Echte Naturwissenschaft erfordert die Übereinstimmung von Theorie und Experiment. Eine experimentelle Überprüfung von Prognosen ist aber erst in der Zukunft möglich.

Die Klimawissenschaft oder zumindest der Teil, der den Weltklimarat repräsentiert, prognostiziert seit rund vier Jahrzehnten den zeitnahen Einbruch der Leistung beider Senken – stattdessen ist sie aber immerzu nur angestiegen.

Grundlagen des Budgetmodells

Das Budgetmodell basiert zum einem auf den bereits erwähnten Prognosen der Computermodelle und zum anderen auf der verblüffend linearen Korrelation der kumulierten Emissionen seit Beginn der industriellen Revolution und dem Temperaturanstieg. Aus diesen beiden Befunden leitet die Klimaforschung die Forderung nach einer raschen, totalen und globalen Dekarbonisierung ab. In einer grundlegenden Publikation zum Budgetmodell aus dem Jahr 2007 heißt es: »Dies impliziert, dass die Summe der künftigen CO_2-Emissionen, die mit einer Erwärmung von maximal 2 Grad Celsius verträglich sind, auf maximal rund 3 000 Milliarden Tonnen CO_2 begrenzt werden müssen.«[1]

Bis zum Jahr 2007 hatte die Menschheit seit Beginn der Industrialisierung bereits rund 1 800 Milliarden Tonnen an Kohlendioxid emittiert. Die im Zitat erwähnten 3 000 Milliarden Tonnen waren 2007 das verbleibende Budget, das sich aus den Modellrechnungen unter der Annahme einer raschen Erschöpfung der Senken ergab. Diese Zahl galt für das 2-Grad-Ziel; für das 1,5-Grad-Ziel war sie noch geringer. Seit der Publikation wurde das Budget mehrfach neu berechnet und ist dabei immer kleiner geworden. Inzwischen bleibt der Menschheit nicht mehr lange, bis es gänzlich zur Neige geht. Das Zeitfenster, das Aktivisten, Journalisten, Politiker und einige Wissenschaftler angeben, variiert – Stand 2023 – zwischen vier und vierzig Jahren. Auf manchen Demonstrationen hört man sogar, dass wir alle dem Tod geweiht seien, wenn es uns nicht gelingt, die globalen Emissionen bald auf null zu bringen.

Nach den nüchternen Daten des Weltklimarats hat die Menschheit bis 2019 rund 2 400 Milliarden Tonnen an Kohlendioxid emittiert.[2] Um das 1,5-Grad-Ziel einzuhalten, dürfen nur noch 500 Milliarden Tonnen ausgestoßen werden. Bei Emissionen von 40 Milliarden Tonnen pro Jahr wäre das Restbudget folglich in 12,5 Jahren aufgebraucht. Um unter 2 Grad Erwärmung zu bleiben, verbleiben der Menschheit noch geschätzte 1 000 Milliarden Tonnen – ein Mittelwert aus den Szenarien SSP1-2.6 und SSP2-4.5 –, also rund 25 Jahre. Danach müsste der Ausstoß aus der Verbrennung fossiler Energieträger und der Landnutzung auf absolut null fallen. Ein Blick auf die aktuelle Entwicklung der Emissionen, der Fördermengen und der Landwirtschaft einer wachsenden Weltbevölkerung zeigt, wie wirklichkeitsfremd diese Ziele sind. Daher beschränken sich Aktivisten, Journalisten und Politiker gern auf das eigene Land oder sogar nur die eigene Stadt. Jedem ist klar, dass die meisten Staaten der Erde diesen radikalen Forderungen nicht nachkommen können und wollen.

Die Korrelation zwischen den kumulierten Emissionen und dem Temperaturanstieg

Das Budgetmodell beruht auf der Annahme einer linearen Kausalbeziehung zwischen den kumulierten Emissionen und der globalen mittleren Temperatur. Demzufolge wird es nur dann nicht mehr wärmer, wenn der Ausstoß stagniert oder sinkt. Daraus ergibt sich die Forderung nach einer absoluten Dekarbonisierung. Die kumulierten Emissionen sind die Gesamtmenge an Kohlendioxid, die wir Menschen aus der Verbrennung der fossilen Energieträger Kohle, Öl und Gas freigesetzt haben; dazu muss noch der Ausstoß der Landnutzung addiert werden. Um es mit den Worten des Weltklimarats zu formulieren: Jede Tonne CO_2 verstärkt die globale Erwärmung. Dieser Satz kann nur richtig sein, wenn es keine Senken gibt.

Das Budgetmodell steht und fällt mit der Annahme einer Kausalbeziehung zwischen den kumulierten Emissionen und der globalen Erwärmung. Die historischen Daten scheinen diese Hypothese zu stützen, denn die Messdaten der beiden Größen sind tatsächlich linear zueinander gestiegen. Der Autor hat die Zahlen selbst nochmals genauer analysiert und ist zu praktisch dem gleichen Ergebnis gekommen. Abbildung 14 (a) zeigt den Zusammenhang für den Zeitraum zwischen 1850 bis 2023. Die Kurve ist anfangs verrauscht, weil die globale mittlere Temperatur von Jahr zu Jahr schwankt, aber nach ungefähr 1970 lässt sich eine klare Erwärmung erkennen. Ab dem Wert für die kumulierten Emissionen von 300 Milliarden Tonnen folgen die Daten einem linearen Trend (gestrichelte Linie). Ist das Budgetmodell also doch richtig und es wird zu warm werden, wenn die kumulierten Emissionen 3 500 Milliarden Tonnen überschreiten? Haben wir wirklich nur noch wenige Jahre Zeit und die Existenz der Senken spielt keine Rolle?

In der Vorlesung über Statistik wird gerne anhand eines Beispiels der Unterschied zwischen einer bloßen Korrelation und einem echten Kausalzusammenhang illustriert. Betrachtet man nämlich die Zahl der Störche und die Zahl der Babys in Dörfern in Norddeutschland, stellt sich bald heraus: Je mehr Störche es gibt, desto mehr Babys gibt es. Dabei handelt es sich um einen linearen statistischen Zusammenhang ähnlich dem in Abbildung 14 (a). Aber sind die Störche wirklich die Ursache für die Babys? – Natürlich nicht, denn beides hängt schlicht von der Größe der Dörfer ab. Die Zahl der Storchennester und die Zahl der Geburten skalieren linear mit der Einwohnerzahl einer Ortschaft. Das Beispiel soll illustrieren, dass eine Korrelation zwischen zwei Variablen keineswegs der Beweis für einen ursächlichen Zusammenhang ist.

Neben den kumulierten Emissionen ist die globale Erwärmung auch mit der CO_2-Konzentration in der Atmosphäre und mit der Weltbevölkerung, abgetragen in den Abbildungen 14 (b) und (c),

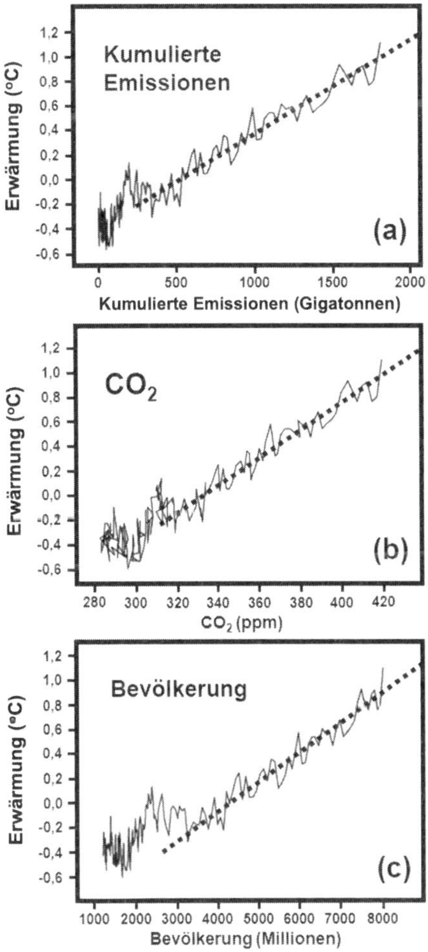

Abbildung 14: Korrelationen zwischen der Zunahme der globalen mittleren Temperatur und (a) den kumulierten CO_2-Emissionen, (b) dem CO_2-Partialdruck in der Atmosphäre und (c) der Weltbevölkerung.

korreliert. Man könnte auf Grundlage der letzten Darstellung also mit dem gleichen Grad an Rechtfertigung eine zeitnahe Senkung des Bevölkerungswachstums auf absolut null fordern. Das ließe sich auch zu Grenzwerten für jedes einzelne Land umrechnen und ergäbe dann jeweils ein Verbot von weiteren Babys, sobald die Schwelle überschritten wird – aber das wäre natürlich Unsinn.

Vermutlich finden sich noch etliche andere lineare Korrelationen zwischen der globalen mittleren Temperatur und beliebigen Kenngrößen. Denkbar wären zum Beispiel solche, die mit der Bevölkerungszahl zusammenhängen wie zum Beispiel die Zahl der Spielplätze oder die Zahl der Zahnärzte. Auch hier würde jeweils ein linearer Zusammenhang herauskommen und möglicherweise ein gesetzliches Verbot weiterer Spielplätze oder Zahnärzte zur Folge haben.

Aber warum kommt so häufig ein linearer Zusammenhang heraus? Das geschieht dann, wenn eine Größe – wie die kumulierten Emissionen, der CO_2-Partialdruck oder eben die Weltbevölkerung – über die letzten 100 Jahre in ähnlicher Weise angestiegen ist. Viele solcher Kennzahlen skalieren mit der Zahl der Menschen auf der Erde und sind daher in ähnlicher Weise mit der Zeit gewachsen. Der Unterschied zwischen rein statistischen Korrelationen wie bei den Störchen und Babys und einem echten Zusammenhang ist das Vorhandensein einer Kausalbeziehung, also einer klar zu benennenden Ursache und ihrer Wirkung – und die besteht nur zwischen der globalen mittleren Temperatur und dem CO_2-Partialdruck, dargestellt in Abbildung 14 (b).

Wenn die Konzentration der Treibhausgase in der Atmosphäre zunimmt, blockieren sie in immer stärkerem Maße den Wärmefluss vom Erdboden ins Weltall – in Folge wird es wärmer. Daher muss es eine enge Korrelation zwischen dem CO_2-Partialdruck und der globalen mittleren Temperatur geben. Aus dem linearen Zusammenhang in Abbildung 14 (b) lässt sich ebenfalls eine Obergrenze der Konzentration ableiten, die von der politisch festgelegten Grenztemperatur abhängt: Um einen Anstieg um mehr als 2 Grad zu verhindern, muss sie unterhalb von rund 500 ppm bleiben. Im Rahmen des hier vorliegenden Buches wird als erstes Teilziel eine Stabilisierung des CO_2-Partialdrucks um diesen Wert angestrebt. Dazu genügt es, wenn die anthropogenen Emissionen ab einer Konzentration von 500 ppm die Leistung der beiden Senken nicht mehr übersteigen. Trotz der weit weniger radikalen Forderung wäre es bereits eine gewaltige Leistung, dieses Teilziel zu erreichen.

Beim Budgetmodell und der zugehörigen Korrelation in Abbildung 14 (a) stellt sich zudem die Frage, wo dort die Senken vorkommen. Wäre die Senkenleistung bei 100 Prozent, gäbe es keine Erwärmung und die Kurve würde horizontal verlaufen; wäre sie bei 0 Prozent, würde sich die Erwärmung beschleunigen und die Kurve erheblich steiler verlaufen. Die Senkenleistung fließt also bei dieser Darstellung in die Steigung der Geraden ein: je geringer die Leistung, umso steiler die Kurve. In den vergangenen Jahrzehnten seit 1970 haben die Senken meist ungefähr 50 Prozent der Emissionen absorbiert. Das erklärt, warum der Zusammenhang so verblüffend linear erscheint. Daraus abzuleiten, dass sich die Linearität in gleicher Weise in die Zukunft fortsetzt, ist jedoch falsch: Würden die Emissionen auf das Niveau der Senkenleistung absinken, würde die Kurve in Abbildung 14 (a) abknicken und horizontal weiter verlaufen.

In der vom Weltklimarat veröffentlichten Grafik ist auch der Verlauf bis 2050 für verschiedene Zukunftsszenarien, die bereits erwähnten SSPs, eingezeichnet. Jeder der fünf Pfade zeigt einen linearen Verlauf mit fast der gleichen Steigung wie in der Vergangenheit. Nach Meinung des IPCC ist diese also unabhängig von der Senkenleistung, weil Letztere laut seinen eigenen Prognosen in der Zukunft rasch absinken sollte. Entsprechend müssten in der Abbildung die Kurven künftig immer steiler nach oben gehen. Das tun sie aber nicht: In der Grafik des Weltklimarats ist der Zusammenhang zwischen kumulierten Emissionen und globaler Erwärmung auch in der Zukunft unabhängig von der Senkenleistung praktisch linear. Warum man das annehmen sollte, entzieht sich dem Autor dieses Buches. Die einzige mögliche Erklärung lautet, dass die Abbildung die Existenz der Senken ignoriert – sie wurden nicht mit eingerechnet, ergo ist die Grafik falsch.

16 Gegenargumente

In den letzten Jahren hat der Autor viele Diskussionen zum Plan B und dem Nutzen der Senken geführt. Überraschend war die heftige Gegenwehr aus dem Lager der Klimaaktivisten, -journalisten und -politiker sowie einiger Wissenschaftler, die die Senken keineswegs als eine Chance sehen, sondern als eine Erfindung der Klimaleugner. Erfahrungsgemäß sind diese jedoch anderer Auffassung und attackieren das Senkenmodell und das Budgetmodell gleichermaßen, weil sie die fundamentale wissenschaftliche Realität des Klimawandels nicht akzeptieren können oder wollen. Eine sachliche Diskussion war jedenfalls in vielen Fällen leider unmöglich und mündete in persönlichen Angriffen. Mitunter kamen aber auch echte Argumente vor; die wichtigsten werden im Folgenden einzeln adressiert. Dabei geben uns die bisherigen Ausführungen in diesem Buch bereits das wichtigste Werkzeug an die Hand, um sie zu entkräften. Wenn es um die zukünftige Entwicklung der Senken geht, steht hier allerdings Aussage gegen Aussage, denn eine endgültige Entscheidung kann erst die Zukunft selbst liefern.

Argument: Die Senken existieren nicht

Im Masterprogramm Physik ist es eine Übungsaufgabe, die aktuelle Leistung der Senken auszurechnen. Die Atmosphäre der Erde kann als Gasbehälter mit einem bestimmten Volumen angesehen werden. Weiterhin ist die Fördermenge an Kohle, Öl und Gas in einem ausgewählten Stichjahr bekannt, ebenso wie die Menge an Kohlendioxid, die bei deren Verbrennung jeweils entsteht. Wir nehmen der Einfachheit halber an, dass nichts davon eingelagert, sondern alles konsumiert wird. Damit lässt sich die Menge an energiebedingten CO_2-Emissionen berechnen; hinzu kommt noch der Ausstoß aus der Landnutzung. Dieses Kohlendioxid wird in den Gasbehälter eingefüllt, sodass sich der Druck darin erhöht. Nun kann man unter Zuhilfenahme einiger Formeln alle relevanten Größen bestimmen und das Ergebnis mit den echten Daten vergleichen. Dabei zeigt sich, dass der tatsächlich gemessene Druckanstieg durch das CO_2 nur halb so groß ist, wie es der Menge nach in einem idealisierten Gasbehälter zu erwarten wäre. Mit anderen Worten: Nur rund die Hälfte des ausgestoßenen Kohlendioxids kommt in der Atmosphäre an. Laut dem Weltklimarat und unzähligen Einzelpublikationen in Fachjournalen absorbieren die Ozeane und Landpflanzen die anderen 50 Prozent. Die Senken existieren also zweifellos und haben seit Beginn der industriellen Revolution mehr als die Hälfte der anthropogenen Emissionen absorbiert. Die Frage ist, wie sich ihre Leistung in der Zukunft entwickeln wird.

Argument: Die Senken werden sich bald erschöpfen

Die Klimawissenschaft sagt seit Jahrzehnten vorher, dass die Senken in naher Zukunft kein Kohlendioxid mehr aufnehmen können. Im Gegenteil ist ihre Leistung jedoch seitdem immer weiter angestiegen. Der Sechste Sachstandsbericht des Weltklimarats aus dem Jahr 2021 enthält zwei Diagramme, nachgezeichnet in Abbildung 15, die die Entwicklung der beiden großen natürlichen Senken in Abhängigkeit vom jeweiligen Zukunftsszenario vorhersagen. Im mildesten Fall SSP1-2.6, in dem sich alle Länder um rasche Dekarbonisierung bemühen, fällt ihre Leistung nahezu parallel bis 2100 auf Werte nahe null ab (durchgezogene Kurven). Im etwas ungünstigeren Szenario SSP2-4.5 verzögert sich das Absinken der Senkenleistung um rund 50 Jahre (gestrichelte Kurven), danach geht sie aber ebenfalls nahezu parallel für beide Senken rasch gegen null.

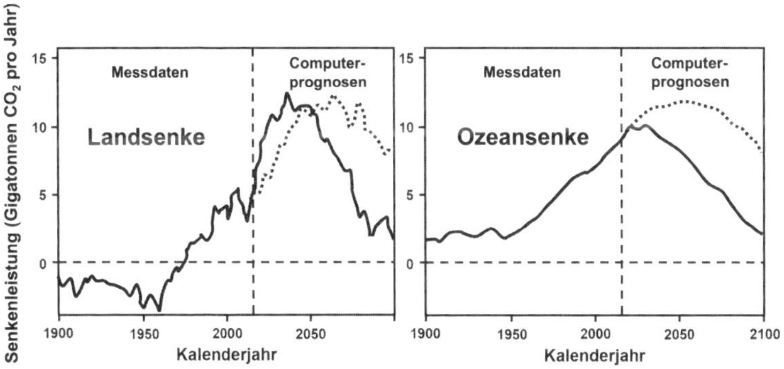

Abbildung 15: Prognosen des Weltklimarats zur zeitlichen Entwicklung der Landsenke und der Ozeansenke. Die eingezeichneten Kurven beziehen sich auf die Zukunftsszenarien SSP1-2.6 (durchgezogene Linie) und SSP2-4.5 (gestrichelte Linie).[1]

Der Autor hat weder im Sechsten Sachstandsbericht noch in den Fachpublikationen eine plausible naturwissenschaftliche Begründung für diese Annahme gefunden. Stets ist nur zu lesen, dass es so aus den Modellrechnungen herauskomme, ein physikalisches, chemisches oder biologisches Argument fehlt.

Klimamodelle sind Computersimulationen, die von Wissenschaftlern erstellt werden, um das Verhalten eines komplexen Systems wie des Klimas mit Hilfe von mathematischen Formeln, die dessen innere Zusammenhänge beschreiben, in die Zukunft projizieren zu können. Bei ihrer Programmierung müssen die Forscher entsprechend auch Annahmen über das Verhalten der Senken einbauen. Denkbar wäre zum Beispiel ein zeitabhängiger Dämpfungsfaktor, mit dem die Senkenleistung multipliziert wird. Die Ähnlichkeit im simulierten Verhalten der – entlang jeder naturwissenschaftlich beschreibbaren Dimension – so grundverschiedenen Ozeane und Landpflanzen lässt vermuten, dass genau das geschehen ist.

Man weiß also nicht genau, was nach Meinung der Klimamodellierer zum baldigen Absinken der Senkenleistung führen könnte. Bei der Landsenke ist es möglich, dass nur der CO_2-Düngeeffekt berücksichtigt wird. Dann wäre es in der Tat plausibel, dass ihre Leistung nach rund 100 Jahren wieder auf Werte nahe null abklingt, da das Pflanzenwachstum relativ rasch auf die erhöhte Konzentration reagiert. Aber wie oben erklärt, gibt es noch mindestens vier weitere Faktoren, die zu einer Verstärkung der Landsenke führen: die längere Wachstumsperiode, die gesteigerte Luftfeuchtigkeit, die höhere Wachstumsgeschwindigkeit und die Verschiebung der Klimazonen; wobei Letzteres der langsamste Prozess ist. Bis hier die Senkenleistung auf Werte nahe null zurückfällt, sollte einige Zeit vergehen.

Auch im Fall der Ozeansenke können passende Annahmen in der Modellierung zur Folge haben, dass die Senkenleistung in der virtuellen Realität der Klimamodelle rasch absinkt. Dazu gibt es viele Möglichkeiten – ihnen allen gemeinsam ist jedoch, dass sie experimentell praktisch nicht überprüfbar sind. Eine Modellannahme könnte zum Beispiel sein, dass das Kohlendioxid zunächst nur in die oberste Wasserschicht eindringt und der Transport in die tieferen Lagen der Weltmeere vernachlässigbar langsam geschieht. Diese Zeitkonstante lässt sich so niedrig einstellen, dass die virtuellen Ozeane nur noch 100 Meter tief sind. Weiterhin könnte man davon ausgehen, dass sich die Aufnahmefähigkeit durch die Versauerung erheblich abschwächt. Das betrifft das chemische Gleichgewicht zwischen dem physikalisch gelösten CO_2, den Hydrogenkarbonat-Ionen und den Karbonat-Ionen im Ozeanwasser. Damit verknüpft sind der Revelle-Faktor, die Alkalinität sowie die Aragonit-Übersättigung – etliche hochkomplexe Parameter, deren Zeitabhängigkeit in Computermodellen von den Programmierern passend gewählt werden kann, sodass die Simulationen einen baldigen Einbruch der Senkenleistung vorhersagen. Eine Verifizierung oder Falsifizierung ist hier nicht möglich.

Die oben genannten Variablen betreffen nur die physikalische Pumpe der Ozeane. Daneben gibt es aber noch die biologische Pumpe. In bestimmten Klimamodellen wird angenommen, dass diese für das anthropogene Kohlendioxid nicht wirksam sei, weil der Nährstoffmangel ihr enge Grenzen vorgibt und sie deshalb kein zusätzliches CO_2 verarbeiten kann. Satellitenmessungen zeigen aber, dass die Weltmeere in den letzten zwei Jahrzehnten deutlich grüner geworden sind.

Wir haben in den beiden Kapiteln 11 und 12 bereits gesehen, wie verschieden die Senken hinsichtlich ihrer Absorptionsmechanismen sind. Dass sie sich in den Computermodellen sogar in unterschiedlichen Szenarien über die Zeit derartig ähnlich verhalten, ist wenig plausibel.

Argument: Die Senkenleistung hängt von den jährlichen Emissionen ab

Auf den ersten Blick scheint die Behauptung, dass die Leistung der beiden Senken von der Höhe der anthropogenen Emissionen abhängt, absurd. Denn woher sollen die Ozeane oder die Landpflanzen »wissen«, wie viel Kohlendioxid im jeweiligen Jahr emittiert wird? Das Argument ist jedoch insofern relevant, als dass in diesem Fall eine Reduktion des Ausstoßes auf ein Niveau, das der Senkenleistung entspricht, nicht möglich wäre: Würden wir die Emissionen auf die Hälfte reduzieren, würde die Senkenleistung ebenfalls um 50 Prozent sinken; die CO_2-Konzentration in der Atmosphäre stiege weiterhin an, wenn auch langsamer. Ein weiterer Zuwachs ließe sich dann nur durch vollständige Dekarbonisierung stoppen.

Das Argument trifft in einem bestimmten Fall zu, allerdings nur für die Ozeane. Ihm zugrunde liegt das Henry-Gesetz, demzufolge die Menge an gelöstem Gas in einer Flüssigkeit proportional zu dessen Partialdruck in der Atmosphäre oberhalb der Flüssigkeitsoberfläche ist. Steigt der Partialdruck, nimmt die Flüssigkeit mehr Gas auf, bis wieder ein Druckgleichgewicht des Gases in der Flüssigkeit und in der Atmosphäre oberhalb der Flüssigkeit erreicht ist. Man kann es sich so vorstellen, dass sich die Flüssigkeit wie ein Gasbehälter verhält, der mit dem Gasbehälter der Atmosphäre oberhalb der Flüssigkeit verbunden ist. Das Gas fließt nur dann, wenn der Partialdruck in der Atmosphäre steigt. Das geschieht im konkreten Fall des Kohlendioxids, wenn die Menschen dieses in die Atmosphäre abgeben. In Folge steigt der Partialdruck und die Ozeane nehmen CO_2 auf. Dem Modell nach ist also die Senkenleistung proportional zum Druckanstieg des Kohlendioxids und damit direkt proportional zu den anthropogenen Emissionen.

Dieser Denkansatz trifft jedoch ausschließlich auf flache Süßgewässer zu, die rasch ein Druckgleichgewicht erreichen. Dort gibt es nur das physikalisch gelöste Kohlendioxid, bei dem das Henry-Gesetz gilt. In den Salzwasserozeanen der Welt ist das CO_2 aber zu 99 Prozent als Karbonat und als Hydrogenkarbonat gelöst. Das System hat noch keineswegs ein Druckgleichgewicht erreicht. Wir wissen, dass in den Weltmeeren rund 40-mal mehr Kohlendioxid gelöst ist als in der Atmosphäre. In unserer Analogie beläuft sich das Fassungsvermögen des einen Gasbehälters also auf ein Vielfaches des anderen. Die Menge an anthropogenem CO_2, die in der Erdatmosphäre einen Druckanstieg um 140 ppm – von 280 auf 420 ppm – bewirkt hat, würde in den Ozeanen nur einen geringfügigen Druckanstieg um 3,5 ppm auslösen. Mit anderen Worten: Hätte das System bereits ein Gleichgewicht erreicht, wäre der allergrößte Teil des vom Menschen ausgestoßenen Kohlendioxids in den Weltmeeren verschwunden. Dies ist aber nicht der Fall: Die Atmosphäre hat einen enormen Überdruck an CO_2, sodass ständig mehr Gas in die Ozeane strömt. Daher ist die Senkenleistung im aktuellen Ungleichgewicht proportional zum Partialdruck des Kohlendioxids in der Atmosphäre und wird hoch bleiben, solange dieser deutlich über 300 ppm liegt. Ähnliches gilt für die Landsenke, deren Leistung nichts mit den jährlichen Emissionen zu tun hat, sondern von den Wachstumsbedingungen der Pflanzen abhängt.

Argument: Die Senken absorbieren immer die Hälfte der Emissionen

Die Arbeitnehmer der Hochsteuerländer sind es gewohnt, rund die Hälfte ihres Einkommens abzugeben. Verdienen sie weniger – ohne die Steuerklasse zu wechseln –, wird entsprechend auch nur 50 Prozent des geringeren Gehalts abgezogen. Die natürlichen Senken haben in den letzten Jahrzehnten in ähnlicher Weise ungefähr die Hälfte der anthropogenen Kohlendioxidemissionen absorbiert. Da liegt der Gedanke nahe, dass sie ähnlich einer Steuer einen konstanten Prozentsatz aufnehmen: Würden die Menschen weniger emittieren, würde die Leistung der Senken proportional sinken. Das liefe auf das Gleiche wie im vorherigen Abschnitt hinaus, denn dann hinge die Senkenleistung von der Höhe des Ausstoßes ab und die Menschen müssten, um die Klimaerwärmung aufzuhalten, letztendlich auf absolut null reduzieren. Das Senkenmodell, demzufolge eine Reduktion auf 50 Prozent ausreicht, wäre dann falsch.

Aber die Senken absorbieren keinen festen Prozentsatz der Emissionen. Wie in den Kapiteln 11 und 12 im Detail diskutiert, hängt die Leistung der Ozeansenke vom CO_2-Partialdruck in der Atmosphäre ab, während die Leistung der Landsenke mit den Wachstumsbedingungen für die Pflanzen variiert. Beide werden durch die globale Erwärmung und den Düngeeffekt verstärkt, was in grober Näherung auf eine Proportionalität zum Partialdruck des Treibhausgases in der Atmosphäre hinausläuft.

Aber warum lag dann die Senkenleistung über die letzten Jahrzehnte anscheinend konstant bei etwas mehr als 50 Prozent der Emissionen? Das Budgetmodell liefert dafür keine sachlogische Begründung, sondern nimmt es als gegeben an, dass die Senken immer die Hälfte aufnehmen. Es gibt jedoch eine naturwissenschaftliche Erklärung für dieses Phänomen. Dazu müssen wir uns näher mit dem Senkenmodell auseinandersetzen. Hier ist allerdings eine Warnung angebracht: Die Erklärung fällt trotz aller Bemühungen des Autors um eine leicht verdauliche Darstellung recht kompliziert aus. Der letzte Absatz fasst die Kernaussage in verständlicher Form kurz zusammen.

Zunächst einmal waren es nicht immer 50 Prozent; zwischen 1940 und 1950 gab es eine Phase von einigen Jahren, in der die CO_2-Konzentration in der Atmosphäre konstant blieb. Klimawissenschaftler haben sich mit diesem Phänomen beschäftigt.[1] Die wahrscheinlichste Begründung lautet, dass sich damals für wenige

Jahre die Senkenleistung mit der Höhe der Emissionen die Waage hielt. Die Phase konstanten CO_2-Partialdrucks endete, als der anthropogene Ausstoß zunehmend schneller zulegte. Der relativ steile, nahezu lineare Anstieg ging ungefähr zur Jahrtausendwende 2000 in einen noch steileren Zuwachs über.

Das Senkenmodell nimmt an, dass die Leistung beider Senken linear mit der Differenz des Partialdrucks relativ zum Gleichgewichtsdruck bei 280 ppm skaliert. Das ist eine grobe Näherung, denn die Absorption der Landsenke hängt von verschiedenen Parametern ab und wird vermutlich nicht streng linear mit dem Druck Schritt halten, sondern eher schwächer ansteigen. Hinzu kommt, dass die Senkenleistung nur in Summe hinreichend genau bekannt ist. Die Aufschlüsselung in die Einzelbeiträge beruht wieder auf Modellannahmen, die sich nicht überprüfen lassen; die Angaben variieren je nach Publikation. Folglich ist die Datenlage trotz der vielen Diagramme im Internet, die eine hohe Genauigkeit suggerieren, keineswegs gut.

Um die Reaktion des Erdsystems auf die Emissionen plausibel zu machen, betrachten wir ein stark vereinfachtes Schema mit einer Senke, dargestellt in Abbildung 16, deren Leistung linear mit dem CO_2-Überdruck steigt. In das Modell soll ab einem festen Zeitpunkt ein konstanter Ausstoß von einer Milliarde Tonnen pro Jahr eingespeist werden (oberes Bild). Zu Beginn ist die Senkenleistung gleich null und alles Kohlendioxid landet in der Atmosphäre. Der CO_2-Partialdruck steigt nach dem allgemeinen Gasgesetz abhängig von der einströmenden Menge und dem Volumen der Atmosphäre zunächst linear an (mittleres Bild, Pfeil »ohne Senken«); im realen Erdsystem um 3,2 ppm je grob 20 Milliarden Tonnen an zusätzlichem Kohlendioxid. Wenn wir im Modell das gleiche Gasvolumen annehmen, steigt der Partialdruck bei Einspeisung von einer Milliarde Tonnen um 0,16 ppm pro Jahr an.

Nun kommen die Senken ins Spiel. Im realen Erdsystem entspricht eine Druckerhöhung um 140 ppm einer Senkenleistung von rund 20 Milliarden Tonnen. In linearer Näherung wird also eine Leistung von einer Gigatonne bei einem Druckanstieg von 7 ppm erreicht; das ist nach 43,75 Jahren der Fall. Diese Zeitkonstante, die die Reaktion des idealisierten Modellsystems auf eine Einspeisung von Kohlendioxid charakterisiert, bezeichnen wir mit dem kleinen griechischen Buchstaben τ, sprich »Tau«.

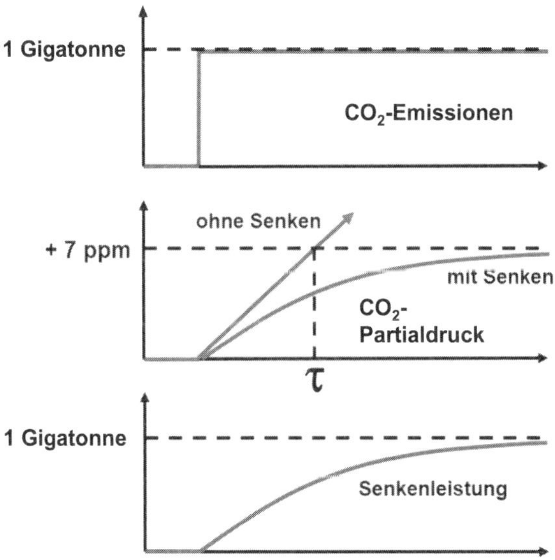

Abbildung 16: Zeitliche Entwicklung des CO_2-Partialdrucks und der Senkenleistung unter der Annahme, dass die beiden Größen zueinander proportional sind.

Wenn sich die Senkenleistung mit wachsendem CO_2-Partialdruck verstärkt, bleibt von der jährlich eingespeisten Milliarde Tonnen jedes Jahr weniger in der Atmosphäre; entsprechend flacht der Anstieg zusehends ab (mittleres Bild, Pfeil »mit Senken«). In diesem Modell folgt der Partialdruck einer Exponentialfunktion und nähert sich immer langsamer dem Grenzwert von 7 ppm an, bei dem sich Senkenleistung und Emissionen die Waage halten. Wenn also die Einspeisung konstant ist, erreicht der Partialdruck nach einer gewissen Zeit – ungefähr dem Drei- bis Vierfachen der Zeitkonstante – einen konstanten Maximalwert und die Absorption läuft gegen 100 Prozent (unteres Bild).

In unserem Schema haben wir zur Vereinfachung angenommen, dass der jährliche Ausstoß auf dem gleichen Niveau bleibt. Das ist in der Realität nicht der Fall, ändert jedoch nichts am grundlegenden Zusammenhang: Auch wenn die Emissionen jedes Jahr mit einer konstanten Rate zunehmen, nähert sich die Senkenleistung der 100-Prozent-Marke an. In den 1960er-Jahre könnte sie diese sogar für kurze Zeit erreicht haben. Wie bereits erwähnt, liegt die Zeitkonstante im Erdsystem bei 43,75 Jahren. In den rund 100 Jahren vor 1960 stieg der anthropogene Ausstoß nur langsam und mit einer nahezu konstanten Rate an. Die Senkenleistung hielt damit Schritt und ging auf die 100-Prozent-Marke zu. Nach grob 100 Jahren, also etwa dem 2,5-Fachen der Zeitkonstante, könnte sich ein Zustand des Gleichgewichts von Emissionen und Senken eingestellt haben. Das lässt sich für den Fall eines sehr langen linearen Anstiegs simulieren. Entsprechend vermag das Senkenmodell eine Phase konstanten CO_2-Partialdrucks bei trotzdem weiterlaufendem Ausstoß zu erklären, wenn Letzterer lange genug mit nahezu gleichbleibender Rate anwächst.

Nach 1960 zogen die Emissionen von Jahr zu Jahr erheblich an und die Senkenleistung sank in Folge unter 50 Prozent; diesen Wert erreichte sie erst nach knapp 40 Jahren wieder. Dann hat sich der Anstieg über weitere 26 Jahre nochmals massiv verstärkt und erneut ist die Senkenleistung unter 50 Prozent gefallen. Eine quantitative Berechnung für den komplexen zeitlichen Verlauf des anthropogenen Ausstoßes gestaltet sich schwierig; es lässt sich aber plausibel erklären, dass die Senkenleistung über die vergangenen Jahrzehnte zwischen 30 und 70 Prozent geschwankt hat.

Das Senkenmodell kann also unter Zuhilfenahme einfacher Annahmen zumindest qualitativ eine durchschnittliche Aufnahmefähigkeit der Senken von rund 50 Prozent erklären, ebenso wie die Pause des Anstiegs in den 1940er-Jahren des letzten Jahrhunderts. Andere Ansätze scheitern daran. Für eine genauere Modellierung werden allerdings präzisere Messdaten über die zeitliche Veränderung der Senkenleistung benötigt.

Argument: Die Ozeane sind in Wirklichkeit bald eine Quelle statt einer Senke

Aus der Erdgeschichte der letzten rund 800 000 Jahre lässt sich eine Beziehung zwischen dem Gleichgewichtsdruck und der globalen mittleren Temperatur ableiten (Kapitel 11): Erwärmt sich die Erde um 2 Grad Celsius, erhöht sich der Gleichgewichtsdruck zwischen Atmosphäre und Ozeanen um rund 20 ppm auf etwa 300 ppm. Übersteigt der atmosphärische Druck diesen Wert, nehmen die Weltmeere Kohlendioxid auf, fällt er darunter, gasen sie stattdessen aus. Da wir derzeit 420 ppm messen, Tendenz steigend, ist mit Letzterem auch bei einer Erwärmung um mehr als 2 Grad kurzfristig, mittelfristig und langfristig nicht zu rechnen.

Argument: Die Erwärmung lässt die Pflanzen sterben

Die Debatte um das Baumsterben ist mindestens 40 Jahre alt, einige werden sich noch an die Meldungen und Artikel über den sauren Regen erinnern. Heute sind die Klimaaktivisten der Meinung, dass die Erwärmung zu einer Ausdehnung der Wüsten und zu einem Absterben der Pflanzen und Wälder führe. Der Grund sei die Hitze, die vermehrte Dürren und generellen Wassermangel zur Folge habe. Aber aus der Erdgeschichte ist bekannt, dass die Pflanzen von Phasen warmen Klimas enorm profitieren.

Auch heute wachsen sie am schnellsten und dichtesten in tropischen Zonen wie zum Beispiel in den Regenwäldern. Dagegen breiten sich die Wälder in den kühleren Regionen der hohen Breiten nur langsam aus. Die aktuelle Erwärmung verursacht eine Verschiebung der Klimazonen und die tropischen Zonen wandern nach Norden. Auch werden die Niederschläge laut den Prognosen des Weltklimarats zunehmen, da bei einer höheren Temperatur mehr Wasser aus den Ozeanen verdampft. Dies stimmt mit den Erkenntnissen aus der Erdvergangenheit *überein*. Zudem zeigen die Satellitendaten der letzten Jahrzehnte, dass der Planet ergrünt. Die Pflanzen sterben also keineswegs, das Gegenteil ist der Fall. Allerdings verschieben sich die Klimazonen und die Strömungsmuster, was regionale Veränderungen der Wachstumsbedingungen zur Folge hat. Der jeweilige Bewuchs muss sich den neuen Gegebenheiten anpassen. In der warmen Phase während des Klimaoptimums des Holozäns vor 5 000 Jahren war die Sahara eine grüne Feuchtsavanne. Es ist denkbar, dass sich dieser Zustand langfristig wiedereinstellen könnte.

Argument: Die Senken dürfen nicht diskutiert werden, um die Motivation der Bürger zum Klimaschutz nicht zu mindern

Dieses Argument suggeriert, dass einige Klimaforscher – allenfalls diejenigen, die es vorbringen – durchaus bereit sind, die Tatsachen zu verfälschen, um politische Ziele durchzusetzen. Der Autor vertritt die Meinung, dass echte Wissenschaft der Wahrheit verpflichtet ist. Die Existenz der Senken zu verheimlichen oder ihr Potenzial in der öffentlichen Debatte auszublenden, läuft diesem Anspruch zuwider, insbesondere in Anbetracht der Tatsache, dass der Weltklimarat, eine der obersten Instanzen der wissenschaftlichen Autorität bezüglich des Klimas, sie in Kapitel 5 seines neuesten Sachstandsberichts ausführlich behandelt. Erzieherische Maßnahmen wie das Zurückhalten von Informationen gehören zum Handwerkszeug von Aktivisten, Journalisten und Politikern, nicht von Wissenschaftlern. Darüber hinaus ist der Autor der Meinung, dass eine Abschwächung der radikalen Forderungen, die derzeit im Raum stehen, die Akzeptanz des Klimaschutzes aufseiten der Bevölkerung eher steigern als mindern dürfte.

Argument: Die Kipppunkte erzwingen eine Reduktion auf null

Einige Wissenschaftler warnen vor der Gefahr, dass das Klima plötzlich und rapide umschlägt: Jede noch so kleine weitere Erwärmung könne zur Überschreitung einer oder mehrerer Schwellen führen und dann »kippe« das Erdsystem in einen Extremzustand. Möglich wäre zum Beispiel eine sehr rasche und nicht umkehrbare Erwärmung um deutlich mehr als 2 Grad. Grundsätzlich ist das Klima ein nichtlineares System und solche Systeme neigen zu plötzlichen Schwankungen. Kurzfristige Veränderungen traten aber bisher nur während Eiszeiten auf, man spricht von den sogenannten Dansgaard-Oeschger-Ereignissen. Seit mindestens einer Million Jahren fluktuiert das Klima auf der Erde zwischen zwei Zuständen: dem Zustand Eiszeit und dem Zustand Zwischeneiszeit, in dem wir im Augenblick leben. Dabei sind Eiszeiten instabil und kippen immer wieder »kurzfristig« – auf der Skala einiger Tausend Jahre – zurück zu Zwischeneiszeiten; umgekehrt geschieht das nicht. Die Daten aus der Erdvergangenheit zeigen deshalb in der Tat plötzliche Klimaschwankungen, aber nur in den Eiszeiten. Dagegen haben sich Zwischeneiszeiten wie die aktuelle bisher als ungewöhnlich stabil erwiesen.

Gehen wir weiter in der Zeit zurück, war es meist erheblich wärmer als heute. Grob 200 Millionen Jahre lang fand sich kein Eis an den Polen und die Temperaturen lagen rund 10 Grad über dem heutigen Mittel. Ein Merkmal dieser Periode war ihre Stabilität: Während der Warmphase fluktuierte das Klima kaum, außer durch externe Ereignisse wie Vulkanausbrüche und Asteroidenabstürze. Instabilitäten scheint es also zu geben, diese sind aber auf die wirklichen Eiszeiten begrenzt. Eine Diskussion der vielen Theorien zu den heute denkbaren Kipppunkten würde an dieser Stelle allerdings zu weit führen. Veröffentlichungen einzelner Forschergruppen, wie beispielsweise die jüngst publizierte Computervorhersage einer plötzlichen Abkühlung Nordeuropas durch den Kollaps des Golfstroms,[3] sind unwissenschaftlich und stehen im Widerspruch zu den Prognosen des Weltklimarats.

Argument: Selbst wenn die Emissionen nur um die Hälfte sinken müssen, sollten die Industriestaaten aufgrund ihrer historischen Schuld vollständig dekarbonisieren

Welche Länder ihre Emissionen wie stark absenken müssen, sollte von den politischen Vertretern der jeweiligen Staaten verhandelt werden. Dabei gilt es zu berücksichtigen, dass zum einen die Senken durch geeignete Maßnahmen verstärkt werden können und dass dies zum anderen eine internationale Aufgabe darstellt. Denn nur in bestimmten Regionen ist es sinnvoll, beispielsweise vermehrt Wälder anzupflanzen oder Eisendünger zur Stärkung der Ozeansenke auszubringen. Hier könnten wohlhabende Länder ohne unmittelbaren Hebel durchaus finanziell denjenigen unter die Arme greifen, die zwar hinsichtlich ihrer geografischen Lage zur Umsetzung von Maßnahmen in der Lage wären, denen dafür aber die Mittel fehlen.

Das Thema Schuld ist komplex. Zunächst stellt sich die Frage, inwiefern ein Mensch für Geschehnisse, auf die er keinen Einfluss hatte, weil sie vor seiner Geburt stattfanden, zur Verantwortung gezogen werden kann – das erinnert an den christlichen Begriff der Erbsünde. Zudem ist nicht klar, inwiefern sich dies auf die früheren Bürger der Industrieländer erstreckt: Sind etwa die Bergarbeiter im Ruhrgebiet an der Klimaerwärmung schuld? Die Betreiber der Zechen und des Braunkohletagebaus? Die verarbeitenden Unternehmen? Deren Kundschaft?

Bei einer Schuldigsprechung sollte bedacht werden, dass die Situation der Menschen in der Vergangenheit eine ganz andere war als heute. Unmittelbar nach Kriegsende herrschte in Deutschland eine Hungersnot, doch dank Kohle und Stahl kam die Bevölkerung wieder zu Lohn und Brot – und das hatte damals absolute Priorität. Sollte man also die Kohle- und Stahlarbeiter oder die Unternehmen, die damals zum Wirtschaftswachstum beitrugen, schuldig sprechen? Die westlichen Industrieländer haben mittels fossiler Energieträger die Eckpfeiler der modernen Gesellschaften aufgebaut. Dazu gehören Versorgungssicherheit, das Gesundheitswesen,

Bildung für alle, Technologie und die Sozialversicherungen – all das geht auf einen Wohlstand zurück, der wiederum auf preiswerter Energie fußt. Nur Individuen, die diesen für selbstverständlich halten, können derartige Errungenschaften mit einer simplen Schuldzuweisung für nichtig erklären.

Argument: Die ärmeren Länder werden ihre Emissionen nicht reduzieren, also müssen die Industriestaaten dies mit einer vollständigen Dekarbonisierung ausgleichen

Selbst eine schlagartige Reduktion der Emissionen Nordamerikas und Europas auf null würde die globale Erwärmung nur um ein paar Jahre verzögern. Ein wirksamer Klimaschutz erfordert eine gemeinsame Anstrengung aller Länder ohne Schuldzuweisungen und Vorwürfe. Wenn einzelne Staaten die Dekarbonisierung im Alleingang umsetzen, werden sie im internationalen Wettbewerb nicht mehr bestehen können und verarmen. Denn bezahlbare Energie, wie sie die fossilen Energieträger in Hülle und Fülle liefern, ist nun einmal die Grundlage der Wirtschaft und des Wohlstands. Verarmen einzelne Länder und andere nicht, wird dies dazu führen, dass sich die betroffenen Bevölkerungen vom Ziel des Klimaschutzes abwenden. Deutschlands rigide Klimapolitik ist bereits heute ein abschreckendes Beispiel für die ganze Welt.

Argument: Kohlendioxid ist nicht für die globale Erwärmung verantwortlich, folglich spielen die Senken keine Rolle

Im Gegensatz zu den bisherigen Einwänden stammt der oben genannte nicht von Klimaaktivisten, sondern eher von Klimaleugnern, die den Beitrag des Kohlendioxids zur globalen Erwärmung abstreiten. Da davon auch das Senkenmodell betroffen ist und sich das Argument in einschlägigen Kreisen einer gewissen Beliebtheit erfreut, wollen wir es hier kurz entkräften.

Momentan geistern einige halbwissenschaftliche Modelle durch die Welt, denen zufolge Kohlendioxid nicht für den Klimawandel verantwortlich ist. Dass es keine Erwärmung gibt, behauptet inzwischen kaum noch jemand, aber der beobachtete Effekt könnte beispielsweise auch durch die Sonne verursacht werden. Diese Hypothese scheitert jedoch an einer einfachen Beobachtung. Bei der Sonne handelt es sich um einen sogenannten Hauptreihenstern, was bedeutet, dass in ihrem Inneren Wasserstoff zu Helium fusioniert wird. Dabei entsteht Energie, die uns in Form von Sonnenstrahlen erreicht. Dieser Prozess läuft – nach allem, was die Astrophysik weiß – in einer zeitlich hochgradig konstanten Art und Weise ab. Mit anderen Worten schwankt die Leistung des Fusionskraftwerks Sonne praktisch nicht. Dass sie für die globale Erwärmung verantwortlich ist, kann daher ausgeschlossen werden.

Ein anderer Ansatz beschäftigt sich mit dem Temperaturunterschied zwischen den tieferen und höheren Lagen der Atmosphäre. Dem Physiklehrbuch zufolge ist dafür der Treibhauseffekt verantwortlich, der den Energietransport der eingestrahlten Sonnenenergie vom Erdboden zurück ins Weltall durch Strahlung bewerkstelligt. Die Treibhausgase behindern diesen Vorgang und verursachen daher bei steigender Konzentration eine Erwärmung. Wäre, so das Argument, stattdessen aber Konvektion für den Energietransport verantwortlich, hätten die Treibhausgase, deren Konzentration in der Atmosphäre sehr gering ist, in Wirklichkeit keinen Effekt und wir könnten munter weiter emittieren.

Tatsächlich gibt es beide Arten des Energietransportes: Strahlung und Konvektion. Es würde an dieser Stelle zu weit führen, die beiden Mechanismen genauer zu diskutieren und eine Begründung zu liefern, warum Konvektion zwar stattfindet, aber nicht der dominante Transportprozess ist. In aller Kürze: Konvektion würde nur dann überwiegen, wenn der tatsächliche Temperaturgradient in der Atmosphäre von etwa 9 Grad pro Kilometer kleiner wäre als die adiabatische Abkühlung durch die Expansion aufsteigender Gasmassen von etwa 6 Grad pro Kilometer ohne Kondensation. Da das in unserer Atmosphäre nicht der Fall ist, dominiert der Energietransport über die Strahlung und die Treibhausgase spielen eine wichtige Rolle.

Ein weiteres halbwissenschaftliches Modell behauptet, dass der Treibhauseffekt durch das Kohlendioxid gesättigt sei. Eine weitere Zunahme der CO_2-Konzentration habe daher keine oder nur eine geringe weitere Erwärmung zur Folge. Zum einen missachtet dieser Ansatz die Rückkopplungen, wie zum Beispiel durch den Wasserdampf, die selbst einen schwachen Anstieg der Temperatur verstärken können. Zum anderen ignoriert er die Tatsache, dass zwar die Hauptabsorptionsbanden des Kohlendioxids gesättigt sind, die Seitenbanden jedoch nicht. Daher mag dessen Treibhauswirkung zwar schwächer sein als die des Methans, bei dem auch die Hauptbande noch nicht gesättigt sind, aber nicht gleich null.

Das Argument kollabiert schließlich vollends bei einer genaueren Betrachtung des Transportprozesses: Selbst wenn ein Infrarotphoton auf halbem Weg von Erdboden zum Weltraum absorbiert wird, geht die Energie, die es transportiert, nicht verloren. Das würde nämlich den fundamentalsten Gesetzen der Physik widersprechen. Stattdessen erwärmt die Energie die Luftschicht auf mittlerer Höhe, die daraufhin ihrerseits Wärmestrahlung abgibt. Davon geht in grober Näherung die eine Hälfte nach oben und die andere Hälfte nach unten. Selbst wenn die direkte Infrarotstrahlung nicht mehr in den Weltraum dringt, kommt immer noch ein Teil der Energie nach einem oder mehreren Absorptions- und Re-Emissionsprozessen durch. Der Treibhauseffekt wird also durch eine höhere CO_2-Konzentration weiter verstärkt.

Argument: Wasserdampf hat eine stärkere Klimawirkung als Kohlendioxid

Dieser abschließende Einwand richtet sich ebenfalls sowohl gegen das Budgetmodell als auch gegen das Senkenmodell und versucht, den Beitrag des Kohlendioxids zum Klimawandel zu leugnen oder zumindest herunterzuspielen. Wasserdampf ist das bei Weitem stärkste Klimagas und trägt mit über 20 Grad zum natürlichen Treibhauseffekt von insgesamt 33 Grad bei. Dennoch besteht ein großer Unterschied zu den anthropogenen Treibhausgasen Kohlendioxid und Methan. Die Konzentration an Wasserdampf in der Atmosphäre kann nämlich nicht durch externe Maßnahmen gesteuert werden. Stattdessen stellt sich die Luftfeuchtigkeit in Abhängigkeit von vielen verschiedenen Faktoren auf temporal und lokal stark variierende Werte ein.

Eine wichtige Rolle spielt dabei die Temperatur: Ist die Luftfeuchtigkeit zu hoch, kommt es bei einer Abkühlung zur Kondensation in Form von Wolken und schließlich zum Regen; ist es zu trocken, verdampft mehr Wasser am Boden und aus den Gewässern. Mit anderen Worten stellt die Natur die Menge an Wasserdampf von selbst ein. Wir Menschen haben darauf kaum einen Einfluss. Indirekt hängt die Wasserkonzentration in der Atmosphäre auch von der CO_2-Konzentration ab: Wird es im globalen Mittel wärmer, steigt die Luftfeuchtigkeit und verstärkt damit die Treibhauswirkung des Kohlendioxids. Man könnte sagen, dass Wasserdampf reagiert, während Gase wie CO_2 oder Methan, deren Konzentration von externen Faktoren abhängt, agieren. Daher hat es wenig Nutzen, sich über die Menge an Wasserdampf in der Atmosphäre Gedanken zu machen – einzig wichtig sind die anthropogenen Treibhausgase.

17 Die Verweildauer des Kohlendioxids: Ein verblüffendes Argument

Das Senkenmodell kann nur dann korrekt sein, wenn die Vorhersagen der Klimamodelle, die dem anthropogenen Kohlendioxid eine extrem lange Verweildauer in der Atmosphäre attestieren, falsch sind. Immer wieder hört man, dass das zusätzliche CO_2 aus der Verbrennung von Kohle, Öl und Gas mindestens einige Jahrhunderte oder sogar ein Jahrtausend überdauern werde.[1] Entsprechend hätten unter den Emissionen, die wir heute verursachen, zahlreiche künftige Generationen zu leiden. Die entscheidende Frage lautet also: Wie schnell wird Kohlendioxid in der Atmosphäre abgebaut?

Die Behauptung einer langen Verweildauer beruht ausschließlich auf Modellrechnungen. Tatsächlich gibt es jedoch eine Reihe an Messungen, die die These ins Wanken bringt und die Grundannahme des Senkenmodells bestätigt, dass Kohlendioxid nur wenige Jahrzehnte in der Atmosphäre bleibt, bevor es von den Ozeanen oder den Landpflanzen absorbiert wird. Dieses verblüffende Argument verdient ein eigenes Kapitel und wird im Folgenden beschrieben.

Dabei ist zunächst zu bedenken, dass weder die Natur noch die Physik zwischen dem natürlichen in der Atmosphäre befindlichen CO_2 und dem anthropogenem CO_2 unterscheiden – wissenschaftlich betrachtet gleicht ein Molekül dem anderen. Diese prinzipielle Ununterscheidbarkeit lässt sich mittels einer radioaktiven Markierung umgehen. Im Fall des Kohlendioxids bietet sich das langlebige radioaktive Kohlenstoffisotop ^{14}C, sprich »Vierzehn-C«, an. Die hochgestellte Zahl verweist auf die Anzahl der neutral geladenen Teilchen, auch Neutronen genannt, in seinem Kern, also die in Kapitel 14 im Kontext des Methans bereits erwähnte »Gewichtsklasse«. Dieses Isotop hat eine Halbwertszeit von über 5730 Jahren und kann für die hier relevanten Zeiträume als stabil angesehen werden. In der Atmosphäre findet sich eine natürliche Konzentration von $^{14}CO_2$, da durch die kosmische Strahlung ständig neues ^{14}C aus dem Stickstoff der Luft ^{14}N entsteht. Der auf diese Weise erzeugte radioaktive Kohlenstoff verbindet sich sofort mit zwei Sauerstoffmolekülen und bildet dadurch ein $^{14}CO_2$-Molekül mit einem ^{14}C-Atom statt dem normalen ^{12}C-Atom. Die Konzentration dieser besonderen Art von Kohlendioxidmolekülen war über Jahrtausende praktisch konstant, da das ^{14}C mit einer konstanten Rate durch die kosmische Strahlung entsteht und mit einer ebenso konstanten Rate wieder zerfällt.

Seit den 1950er-Jahren fanden bis zu ihrem Verbot am 10. Oktober 1963 zahlreiche oberirdische Nuklearwaffentests statt. Bei der Explosion einer Atombombe entstehen unter anderem große Mengen ^{14}C, das sich rasch mit dem Sauerstoff der Luft zu radioaktivem Kohlendioxid verbindet. Die Konzentration dieses $^{14}CO_2$ in der Atmosphäre wird seit vielen Jahrzehnten beobachtet. Wenig überraschend zeigen die Messungen einen abrupten Anstieg in den Jahren der Nuklearwaffentests. Die Konzentration war bis zum Zeitpunkt des Verbots auf ungefähr das Doppelte des natürlichen Werts angestiegen.

Unbeabsichtigt handelte es sich bei diesen Tests um ein gewaltiges Experiment zur Messung der Verweildauer zusätzlich in die Atmosphäre eingebrachten Kohlendioxids. Das Schicksal des $^{14}CO_2$ lässt sich ausgezeichnet verfolgen, denn radioaktive Stoffe können auch in geringen Mengen leicht nachgewiesen werden. Die sogenannte Radiokarbonmethode, also die Markierung mit radioaktiven Isotopen, wird in vielen Bereichen der Naturwissenschaft und der Medizin verwendet, um den Stofftransport in diversen Systemen zu beobachten. Dabei sind die radioaktiv markierten Moleküle hinsichtlich ihrer physikalischen und chemischen Eigenschaften nicht von ihren unmarkierten Gegenstücken zu unterscheiden, aufgrund ihrer Radioaktivität aber dennoch leicht zu identifizieren.

Abbildung 17 zeigt die Entwicklung der Menge an Radiokarbon in der Atmosphäre. Nach dem Verbot sank die zunächst um rund das Doppelte erhöhte Konzentration des $^{14}CO_2$ mit einer Halbwertszeit von rund 13 Jahren verblüffend rasch auf den natürlichen Gleichgewichtswert der Zeit vor den Nuklearwaffentests ab. Heute, nach mehr als 60 Jahren, lässt sich nur noch ein verschwindend geringer Rest von wenigen Prozent nachweisen. Der steile Abfall der Konzentration des zusätzlich in die Atmosphäre eingebrachten $^{14}CO_2$ belegt, dass die Behauptung einer extrem langen Verweildauer von mehreren Jahrhunderten oder sogar einem Jahrtausend falsch ist.

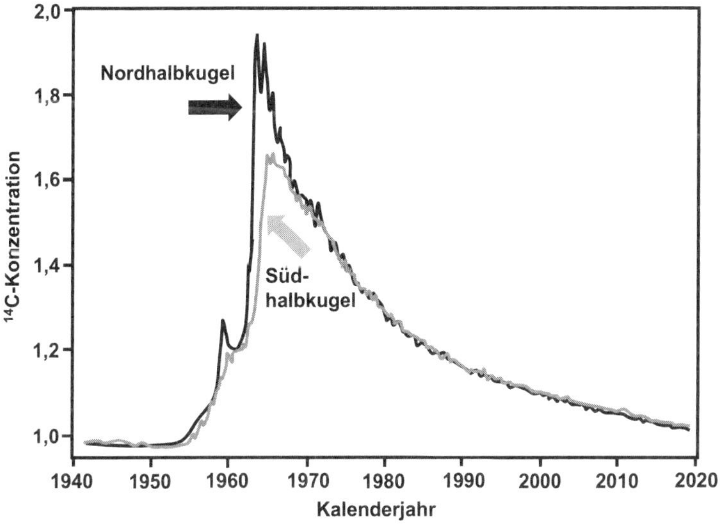

Abbildung 17: Zeitlicher Verlauf der Konzentration des radioaktiven ^{14}C in der Atmosphäre.[2]

Gleichzeitig bestätigt der rasche Abbau des radioaktiven Kohlendioxids die Korrektheit des Senkenmodells. In Abhängigkeit von der Senkenleistung der vergangenen Jahrzehnte und der Konzentration zum Zeitpunkt der Nuklearwaffentests lässt sich für das $^{14}CO_2$ eine Halbwertszeit zwischen 15 und 25 Jahren abschätzen. Dabei handelt es sich allerdings nur um eine grobe Näherung, da die Leistung der beiden Senken zu der damaligen Zeit nicht genau bekannt ist.

Es gibt noch einige Details, die bei der Interpretation dieser Messergebnisse bedacht werden sollten: Zum einen ist über den langen Messzeitraum die CO_2-Konzentration in der Atmosphäre ständig gestiegen. Der Anstieg wird durch fossiles Kohlendioxid verursacht, das praktisch kein $^{14}CO_2$ enthält. Dieser Verdünnungseffekt muss bei der Bestimmung der Halbwertszeit berücksichtig werden; tatsächlich ist sie also etwas länger. Das hat aber für die Abgrenzung gegenüber der Behauptung einer Verweildauer von mehreren Jahrhunderten keine Bedeutung.

Weiterhin zeigen Messungen der Nordhalbkugel eine jahreszeitliche Modulation der $^{14}CO_2$-Konzentration, die durch die Wirkung der Landsenke erklärt werden kann. Ihre Leistung hängt von den Wachstumsbedingungen der Pflanzen, wie zum Beispiel von der Temperatur, ab. Diese verändern sich bedingt durch die Jahreszeiten, weshalb ihr Aufnahmeverhalten nicht konstant ist. Die Modulation beweist, dass das $^{14}CO_2$ zum Teil durch die Landsenke abgebaut wird, wie es nach dem Senkenmodell zu erwarten wäre. Dazu passt auch die Zeitverschiebung zwischen den Messungen auf der Nordhalbkugel und der Südhalbkugel: Ursprünglich fanden die Nuklearwaffentests auf der Nordhalbkugel statt, doch die gemessene $^{14}CO_2$-Konzentration steigt mit einer Verzögerung von rund einem Jahr auch auf der Südhalbkugel an und zeigt dort nur eine sehr schwache jahreszeitliche Modulation. Beides ist kohärent mit dem Wissen über die Stoffströme in der Atmosphäre, da sich die beiden Hemisphären nur recht langsam vermischen und es auf der Südhalbkugel weniger Vegetation gibt.

Die Verweildauer eines Kohlendioxidmoleküls, egal ob natürlichen oder anthropogenen Ursprungs, beträgt also nur wenige Jahrzehnte; nach rund 100 Jahren ist der größte Teil des zusätzlich in die Atmosphäre eingebrachten $^{14}CO_2$ in den Senken verschwunden. Das Senkenmodell sagt eine derartig hohe Absorptionsgeschwindigkeit voraus.

18 Plan B

Die vorangegangenen Kapitel haben gezeigt, dass uns die beiden großen natürlichen Senken dabei helfen können, das Klimaproblem in den Griff zu bekommen. Das bedeutet jedoch nicht, dass wir getrost die Hände in den Schoß legen und weiterhin in gewohnter Weise fossile Energien nutzen dürfen. Ganz im Gegenteil: Netto-Null bedeutet nach dem Senkenmodell eine Reduktion des globalen Kohlendioxidausstoßes um 50 Prozent. Das ist nicht nur für sich betrachtet eine große Herausforderung, sondern zudem fernab der Realität: Die CO_2-Emissionen steigen nach wie vor weltweit – unabhängig von allen Klimakonferenzen, von allen unterschriebenen Verträgen und von allen Beteuerungen der Politiker.

Plan B ist ein ganzheitlicher Ansatz. Ohne die anderen großen Probleme der Menschheit, wie zum Beispiel Armut, Hunger und Kriege, in den Griff zu bekommen, wird es auch nicht gelingen, den Ausstoß klimaschädlicher Gase zu reduzieren. Daher fordert Plan B, die globale Erwärmung nicht als einziges und vordringliches Problem der Weltgemeinschaft anzusehen, sondern es in den Kontext der anderen UN-Nachhaltigkeitsziele, aufgelistet in Abbildung 18, einzubetten. Viele Länder der Welt werden den westlichen Industriestaaten mit ihren extrem teuren Maßnahmen nicht folgen, weil sie es zum einen schlicht nicht können und weil sie zum anderen dringendere Probleme haben: Ein Mensch, der Hunger leidet, kein sauberes Wasser hat oder dessen Heimat von Krieg verwüstet ist, interessiert sich nicht für Klimaschutz. Aber selbst die Bevölkerungen der reichen Länder zweifeln heute zunehmend am Erfolg der harschen Verbote und Verteuerungen, die mit den radikalen Forderungen einhergehen. Auch ergibt es keinen Sinn, nur das Klima im eigenen Land zu »retten«.

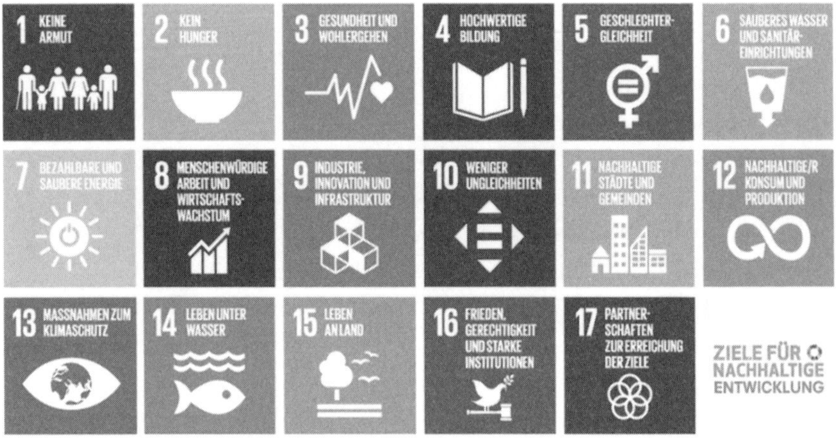

Abbildung 18: Die Ziele für nachhaltige Entwicklung (»Sustainable Development Goals«) der Vereinten Nationen.

Plan B wendet sich gegen den Klimafundamentalismus, der aktuell in vielen westlichen Staaten grassiert. Der Begriff mag drastisch klingen, ist aber passend gewählt: »Fundamentalismus« bezeichnet die Erhebung einer einzigen Lehre, eines einzigen Prinzips oder einer einzigen Ideologie über alle anderen Belange des Lebens der Menschen. Konkret werden beispielswiese die möglichen Folgen der Erderwärmung bis hin zum Aussterben der Menschheit dramatisiert und alle Auswege, die nicht in das eng gefasste Bild einer Ökogesellschaft passen, ausgeblendet und verteufelt. Der Klimafundamentalismus schnürt das Denken ein und macht pragmatische Lösungen wie Kernenergie, den Umstieg auf emissionsarmes Erdgas, die Erforschung von Techniken zur Klimakontrolle und Klimakühlung sowie von Möglichkeiten zur Verstärkung der Leistung der beiden natürlichen Senken unmöglich.

Wenn wir die in Brüssel und Berlin propagierten Einsparungsmaßnahmen als Plan A bezeichnen, dann bedeutet Plan B deren Weiterführung, aber in einer weniger radikalen und für die Menschen und die Wirtschaft verträglichen Version. Die bisherigen Programmpunkte wie der Ausbau der erneuerbaren Energien, der Wechsel auf Elektromobilität, die Wärmeisolation der Häuser und der Umstieg auf effiziente Heizungen bleiben auch im Plan B bestehen. Aber die Maßnahmen sollen im Sinn der 17 UN-Nachhaltigkeitsziele mit und nicht gegen die Bürger umgesetzt werden. Die Tatsache, dass Netto-Null nur eine Reduktion um 50 Prozent bedeutet, verleiht Plan B den Spielraum, die teilweise existenzvernichtende Last der aktuellen Klimaschutzmaßnahmen auf ein für die Menschen und die Wirtschaft akzeptables Maß zu reduzieren.

Die Senken geben uns mehr Zeit für die Dekarbonisierung, sodass jeder Bürger in jedem Land nach seinen Möglichkeiten und ohne seine existenzielle Basis zu gefährden, zur Reduktion der globalen Emissionen beitragen kann. Zusätzlich lässt sich die Senkenleistung noch verstärken. Mit welchen Methoden das am besten geschieht, ist bisher weitestgehend unbekannt. Plan B schlägt deshalb vor, mit Forschungsprojekten zu diesen Fragestellungen zu beginnen. Ideen gibt es viele und ihr Einsparungspotenzial bewegt sich mitunter im Bereich von Milliarden von Tonnen an Kohlendioxid. Das ist eine andere Größenordnung als die Ansätze zur technischen Extraktion im Rahmen des Plan A, bei denen es um Tausende oder höchstens Millionen von Tonnen geht. Die Leistung der Ozeane lässt sich zum Beispiel durch das Einbringen von Nährstoffen oder den gezielten Anbau von Seetang stärken; die der Landsenke durch so einfache Maßnahmen wie Aufforstung oder eine CO_2-optimierte Nutzung vorhandener Wälder. Welche Methoden schließlich wirksam und bezahlbar zur Lösung des Klimaproblems beitragen können, gilt es in Pilotprojekten zu eruieren. Die ideologisch motivierte Blockade dieser Möglichkeiten muss in jedem Fall aufhören.

Für Unternehmen, die bis auf Weiteres nicht vollständig auf Emissionen verzichten können, ergibt sich im Plan B die Möglichkeit der Kompensation. So können sie beispielsweise Projekte zur Intensivierung der Senken finanziell unterstützen. Da Plan B einen ganzheitlichen Ansatz vertritt, wäre es auch denkbar, dass sie sich an der Erfüllung eines der 17 anderen UN-Nachhaltigkeitsziele beteiligen. All das ist direkter oder indirekter Klimaschutz. Mit dem gleichen finanziellen Aufwand, mit dem bisher teuer erneuerbare Energien oder Maßnahmen der CO_2-Einsparung oder -Extraktion im eigenen Land unterstützt wurden, ließe sich so eine weitaus größere Wirkung erzielen.

Zum ganzheitlichen Ansatz gehört auch die gesellschaftliche und wirtschaftliche Entwicklung ärmerer Staaten. Diese kann in gemeinsamen Projekten zur Verstärkung der natürlichen Senken unterstützt werden. Beispiele sind die grüne Chinesische Mauer, die »Green Wall«, die in strukturschwachen Regionen des Landes Arbeitsplätze schafft, oder ein ähnlich benanntes Projekt in der Sahelzone in Afrika. Grundlage jeder wirtschaftlichen Entwicklung ist Bildung. Der Export von Wissen und Fähigkeiten sowie die Schaffung neuer Schulen und Universitäten in den Ländern, deren Bevölkerung bisher nur wenig Zugang zu Bildung hatte, ist ebenfalls indirekter Klimaschutz.

Dass im Plan B zunächst einmal eine Reduktion auf die Hälfte der derzeitigen Emissionen genügt, hat Konsequenzen für die Energieversorgung. Konkret sollte ein möglichst großer Anteil der Primärerzeugung durch Erneuerbare gedeckt werden. Das sind hauptsächlich Wind und Sonne, die aber den Nachteil haben, bei Flauten und nachts keine Energie zu liefern. Eine hundertprozentige Versorgung ist mit diesen fluktuierenden Energien teuer und technisch kaum zu realisieren. Deshalb sieht Plan B ihren Ausbau bis zu einem technisch machbaren und bezahlbaren Grad vor. Den Rest kann das emissionsärmere Erdgas und ein kleiner Anteil an Erdöl liefern. Die Kernenergie, die in den deutschsprachigen Ländern abgelehnt wird, stellt aus Sicht des Plan B einen wichtigen und global unverzichtbaren Energielieferanten dar, da sie grundlastfähig, CO_2-neutral und bezahlbar ist. Darüber hinaus sind viele neue Kraftwerkstypen in der Entwicklung, die nach verbesserten Prinzipien arbeiten. Aus der Kohle sollten die Staaten möglichst rasch aussteigen; allein durch einen Umstieg von alten Kohlekraftwerken auf Gaskraftwerke von Typ GuD lässt sich mehr als die Hälfte der Emissionen einsparen.

In den kommenden Jahrzehnten wird es unweigerlich erheblich wärmer werden und dadurch vermehrt zu Hitzewellen kommen. In Ländern, in denen die Bevölkerung diese Temperaturen nicht gewohnt ist, sollten dann Klimaanlagen bereitstehen. Das gilt insbesondere für die Häuser kranker und gebrechlicher Menschen. Ungünstige politische Entscheidungen wie das Verteuern von Strom haben zur Folge, dass in Hitzeperioden mehr Todesopfer zu beklagen sein werden. Weiterhin wird es zu höheren Niederschlagsmengen, mithin auch zu Starkregen und Überschwemmungen kommen. Dem gilt es mit geeigneten Baumaßnahmen vorzubeugen; beispielsweise dürfen Flussläufe und enge Flusstäler nicht zu dicht und zu eng bebaut werden.

Die These, dass ein wärmeres Klima vermehrt Dürren und eine Ausdehnung der Wüsten verursacht, hält der Autor keineswegs für erwiesen, da es in der Erdvergangenheit in wärmeren Klimaphasen feuchter war. Trockenes Klima herrschte dagegen in Eiszeiten vor. Im Allgemeinen müssen wir also weniger mit Dürren, sondern vielmehr mit Starkregen rechnen. Aber es gibt Ausnahmen: Die Klimazonen verschieben sich und Südeuropa sowie der Südosten Nordamerikas geraten im Nordsommer in die Zone eines Saharaklimas. Das erklärt die sommerlichen Dürren und Waldbrände. Im Winter könnte es dort allerdings stärker regnen, sodass es denkbar ist, durch geschickteres Wassermanagement die sommerliche Trockenheit zu überstehen. Möglicherweise wird es mehr Stürme geben, aber das scheint kein globaler Trend zu sein. Die Häufigkeit, mit der Hurrikane auftreten, könnte sogar abnehmen. Ein weiteres Problem ist der Anstieg des Meeresspiegels. Den Prognosen des Weltklimarats zufolge wird dieser bis 2100 um rund einen Meter steigen. Das ist mit Küstenschutzmaßnahmen, wie man sie derzeit in etlichen betroffenen Ländern umsetzt, beherrschbar.

Im Pariser Klimaschutzabkommen haben sich Politik und Wissenschaft auf eine Zahl geeinigt: 2 Grad Celsius – um mehr soll die globale mittlere Temperatur gegenüber der vorindustriellen Zeit nicht ansteigen. Dabei war dieser Referenzpunkt die kälteste Phase der letzten 10 000 Jahre. Die Menschheit würde auch dann nicht aussterben, sollte es gegenüber dem Ende der kleinen Eiszeit um 2,5 Grad wärmer werden. Mit den richtigen technischen Mitteln und einem sich hoffentlich global ausbreitenden Wohlstand können wir auch dieses Problem bewältigen. Die großen Senken werden den Menschen helfen, die CO_2-Konzentration, selbst wenn sie über die magische Zahl von 500 ppm angestiegen ist, rasch wieder sinken zu lassen; und dann geht auch die Temperatur allmählich zurück. Es ist zu schaffen, aber nur mit Vernunft, Technik, Wissenschaft – und ohne Dogma. Ideologie ist keine Lösung, sie ist Teil des Problems.

Dürren, Stürme und Flutkatastrophen hat es schon immer gegeben, aber die Zahl derjenigen, die durch Extremwetter zu Tode kamen, ist gering im Vergleich zu denen, die eines gewaltsamen Todes durch ihre Mitmenschen starben. Hitze tötet laut den einschlägigen Statistiken heute rund zehnmal seltener als Kälte. Das hat historische Präzedenz: Die Linie des *Homo sapiens* entstand vor rund 400 000 Jahren im äußerst heißen Osten Afrikas. Zwar hatten die frühen Menschen kaum Möglichkeiten, sich vor dem Klima zu schützen, aber an Hitze waren sie gewöhnt. Dagegen starb die zweite Menschenlinie, der Neanderthaler, während der Hochphase der letzten Eiszeit aus. Kälte stellt eine weitaus größere Gefahr als Hitze dar, aber für beides gibt es Schutzmaßnahmen. Was unser aller Leben ernsthaft bedroht, ist jedoch der Krieg.

Beim Menschen handelt es sich um ein aggressives Lebewesen, das zu Konflikten neigt. Die Hoffnung war einst, dass sich die Idee der Demokratie weiter ausbreitet und mit der Zeit immer mehr Staaten ihre autokratischen Strukturen hinter sich lassen. Im Augenblick ist dieser Prozess eher rückläufig. Die westlichen Demokratien erscheinen in den Augen der Welt schwach und von selbstzerstörerischen Ideologien zerrissen. Klimaschutz ist eine westliche Idee, und wenn der Westen seine Vorbildfunktion verliert, wird das folglich auch dem Klimaschutz massiv schaden. Die damit verbundenen Maßnahmen dürfen daher nicht die entscheidenden Faktoren, die die westliche Lebensweise erstrebenswert machen, zerstören. Das betrifft in erster Linie die individuelle Freiheit und den Wohlstand. Plan B eröffnet die Möglichkeit, die großen Vorteile der westlichen Demokratien zu bewahren und trotzdem wirksamen Klimaschutz zu betreiben.

19 Zusammenfassung

Dieses Buch sieht sich den sorgfältigen Analysen im Sechsten Sachstandsbericht des Weltklimarats aus dem Jahr 2021 und darin insbesondere dem wissenschaftlichen Teil verpflichtet. Der menschengemachte Klimawandel ist real und wird durch die zunehmende Konzentration des Treibhausgases Kohlendioxid in der Atmosphäre verursacht. Zurzeit beläuft sich der mittlere Temperaturanstieg auf etwas mehr als 1 Grad Celsius – eine noch moderate Erwärmung, die sogar einige Vorteile bietet. Sollte sie jedoch die 2-Grad-Marke übersteigen, ist mit immer heftigeren Veränderungen zu rechnen, die zunehmend zu Klimaschäden führen werden. Auch wenn die Menschheit davon aller Wahrscheinlichkeit nach nicht aussterben wird, sollte sie große Anstrengungen unternehmen, um das Eintreten dieses Szenarios zu vermeiden.

Inzwischen hat sich die Konzentration des Kohlendioxids vom vorindustriellen Niveau von 280 ppm auf über 420 ppm erhöht. Das CO_2 stammt hauptsächlich aus der Verbrennung von Kohle, Öl und Gas. Daher erscheint es als eine simple Lösung, diese Emissionen einfach auf null zu reduzieren. Häufig wird dabei von »Netto-Null« gesprochen, was aber praktisch immer »Absolut-Null« im Sinne einer totalen Dekarbonisierung meint. Dieser Plan A ist zum Scheitern verurteilt, denn die Kosten eines kurzfristigen, vollständigen Verzichts auf fossile Emissionen sind enorm und könnten allenfalls von den reichen Industriestaaten geschultert werden. Selbst dort würde die Verteuerung der Energie zu einer Deindustrialisierung führen und die Bevölkerung in Teilen verarmen. Auch ist eine rasche globale Dekarbonisierung schon allein aufgrund eines Mangels an Rohstoffen nicht möglich.

Daher brauchen wir einen Plan B. Dieser basiert auf der Fähigkeit der beiden großen natürlichen Senken, viele Milliarden Tonnen an Kohlendioxid aus der Atmosphäre zu absorbieren. Auch im laufenden Jahr 2024 wird mehr als die Hälfte des anthropogenen Ausstoßes an Treibhausgasen von den Ozeanen und Landpflanzen aufgenommen werden. Im Plan B müssen wir die Emissionen daher im ersten Schritt nur etwa um 50 Prozent reduzieren. Das ist zwar immer noch eine große Herausforderung für die Menschheit, aber weitaus weniger radikal als die Forderung nach einer totalen Dekarbonisierung. Beispielsweise reduzieren sich die Emissionen auf die Hälfte, wenn Braunkohlekraftwerke durch moderne Gaskraftwerke ersetzt werden. Plan B verschafft der Menschheit die nötige Zeit, das Klimaproblem auf eine menschenfreundliche Weise zu adressieren.

Zudem kann die Leistung der beiden Senken mit sanften Methoden verstärkt werden. Im Falle der Ozeane könnte man beispielsweise diejenigen Bereiche düngen, die kaum Lebewesen beherbergen. Große Teile der Weltmeere sind aufgrund eines Mangels an Nährstoffen in Zonen fernab der Kontinente biologische Wüsten. Manchmal würde schon eine kleine Menge an Spurenelementen wie Eisen, die Lebewesen wie Phytoplankton dringend benötigen, genügen, um diese Regionen ergrünen zu lassen und ihre Senkenleistung massiv zu erhöhen. Das zusätzliche Kohlendioxid könnten die Ozeane ohne Weiteres aufnehmen, denn in ihnen ist mit etwa 140 000 Milliarden Tonnen ohnehin schon eine gewaltige Menge davon gespeichert. Die von uns Menschen seit Beginn der industriellen Revolution emittierten grob 2 500 Milliarden Tonnen würden diese Zahl um gerade einmal 1,8 Prozent erhöhen.

Ähnliche Ansätze gibt es zur Verstärkung der Landsenke, die auf der Photosyntheseleistung der Landpflanzen, also in erster Linie der Bäume, beruht. Junge Wälder stellen eine enorm leistungsfähige Kohlendioxidsenke dar, solange das Holz nicht wieder verbrannt, sondern anderweitig, beispielsweise als Baustoff, genutzt wird. Daher wäre es sinnvoll, neue Setzlinge in bisher unbewaldeten oder brachliegenden Regionen anzupflanzen. Auch sollte die CO_2-Absorption bestehender Wälder optimiert werden, etwa indem man alte Bäume, die kaum noch Kohlendioxid aufnehmen, ausschlägt und ihr Holz einer dauerhaften Verwendung zuführt. Zudem besteht die Möglichkeit etlicher klimafreundlicher Verbesserungen in der Landwirtschaft.

Die Existenz der Senken bedeutet, dass es keine feste Menge an zulässigen Emissionen gibt, die irgendwann aufgebraucht ist. Auf diesem Budgetmodell, das in der »Zusammenfassung für Entscheidungsträger« des Sechsten Sachstandsberichts beschrieben wird, beruhen aber die radikalen Forderungen vieler Klimaaktivisten, -journalisten und -politiker. Dabei bleiben jedoch die Senken völlig außen vor. Der ausführliche wissenschaftliche Teil desselben Dokuments diskutiert sie zwar, sagt aber ihre baldige Erschöpfung voraus. Eine physikalische Begründung sucht man vergebens. Teile der Klimaforschung prognostizieren seit Jahrzehnten einen baldigen Kollaps der Senken, doch immer wieder mussten diese Vorhersagen korrigiert werden, weil die Senkenleistung mit zunehmender CO_2-Konzentration in der Atmosphäre weiter und weiter zugenommen hat. Die Klimamodelle sind offenbar nicht in der Lage, ihr Verhalten richtig zu beschreiben.

Die Leistung der beiden Senken ist ungefähr proportional zur Menge an Kohlendioxid in der Atmosphäre; genauer gesagt zur Abweichung des CO_2-Partialdrucks vom langfristigen Gleichgewichtsdruck. In der Natur stellt sich mit der Zeit immer ein Gleichgewicht zwischen dem Lösungsdruck des Klimagases in den Ozeanen und dem Druck in der Atmosphäre ein. Dieser Gleichgewichtsdruck ist temperaturabhängig und liegt in wärmeren Erdzeitaltern wie dem gegenwärtigen bei rund 280 ppm. Erwärmen sich die Weltmeere um 1 bis 2 Grad, erhöht er sich geringfügig auf etwa 300 ppm. Solange der atmosphärische CO_2-Partialdruck aber wesentlich höher liegt, werden weiterhin massive Mengen Kohlendioxid aus der Atmosphäre in die Ozeane »hineingedrückt«, wobei die Menge proportional zum Überdruck ist. Dieses Verhalten wird von den Messdaten der vergangenen Jahrzehnte bestätigt. Auch bei der Landsenke ist die pro Jahr aufgenommen Menge ungefähr proportional zum CO_2-Partialdruck in der Atmosphäre. Dafür gibt es viele Gründe, der wichtigste ist jedoch der Düngeeffekt des Treibhausgases: Die Pflanzen wachsen besser, je mehr Kohlendioxid sich in der Atmosphäre befindet, da dieses eine essenzielle Rolle in ihrem Stoffwechsel spielt.

Die Annahme einer lang anhaltenden Absorptionsleistung der beiden großen natürlichen Senken widerspricht den Aussagen von Teilen der Klimawissenschaft, wonach das Kohlendioxid für viele Jahrhunderte oder sogar ein Jahrtausend in der Atmosphäre bleibt. Hier wird das Senkenmodell von »unbeabsichtigten« Messdaten gestützt: Bei den atmosphärischen Nuklearwaffentests gegen Ende der 1950er-Jahre wurden große Mengen an $^{14}CO_2$ erzeugt, eine Variante des Kohlendioxids, welche das langlebige und leicht nachweisebare Kohlenstoff-Isotop ^{14}C enthält. Nach dem Ende der Versuche ist das Gas rasch wieder aus der Atmosphäre verschwunden: Schon nach 13 Jahren war die $^{14}CO_2$-Konzentration auf die Hälfte abgesunken und heute, nach mehr als 60 Jahren, finden sich nur noch Spuren in der Atmosphäre. Diese kurze Verweildauer widerspricht den Aussagen der Klimawissenschaft und bestätigt das hier vorgeschlagene Senkenmodell, denn das überschüssige $^{14}CO_2$ muss von den Ozeanen und Landpflanzen aufgenommen worden sein.

Plan B sieht vor, dass die Emissionen im ersten Schritt auf ein Maß gesenkt werden, das die Natur verarbeiten kann. Im Augenblick sind das rund 20 Milliarden Tonnen jährlich, also eine Reduktion um 50 Prozent. Für die Menschheit stellt dies immer noch eine große Herausforderung dar, die sich nur mit internationaler Kooperation und unter Nutzung aller technischen Möglichkeiten erreichen lässt. Aber das Senkenmodell gibt uns zumindest die Zeit, die eine bürger- und wirtschaftsfreundliche Klimapolitik dringend benötigt. Auch besteht die Möglichkeit, schwer zu vermeidende Emissionen durch Maßnahmen zur Verstärkung der Senken oder zur Erreichung eines der anderen UN-Nachhaltigkeitsziele zu kompensieren.

Neben dem Senkenmodell gibt es noch einige andere Erkenntnisse der Klimawissenschaft, die in der öffentlichen Debatte falsch wiedergegeben werden. Ein Punkt betrifft beispielsweise die Kipppunkte, deren Existenz von einigen Wissenschaftlern behauptet wird, aber die in den Klimamodellen nicht existieren. Demnach reagiert das Klimasystem der Erde linear und ohne plötzliche Veränderungen auf die langsam steigende Konzentration des Kohlendioxids. Panik vor dem plötzlich hereinbrechenden Untergang trägt nicht zu einer sachlichen Diskussion bei, sondern streut Verunsicherung unter den Bürgern, die schnell gar in Skepsis gegenüber den manifesten Gefahren des Klimawandels umschlagen kann, sobald sich herausstellt, dass – obgleich in guter Absicht – in der Kommunikation übertrieben wurde.

Ein weiterer kritischer Punkt betrifft das Methan. Auf dessen Beitrag zur Erderwärmung beruhen die Forderungen nach einer Reduktion der Viehhaltung und der Umstellung auf eine vegane Ernährung. Obwohl die Methankonzentration in der Atmosphäre rund 200-mal geringer als die des Kohlendioxids ist, wird dem Gas eine enorme Treibhauswirkung zugeschrieben. Doch der vielzitierte Faktor 28 lässt sich weder experimentell überprüfen, noch ist er aus physikalischer Sicht plausibel nachvollziehbar. Trotzdem werden damit die jährlichen Methanemissionen in äquivalente Kohlendioxidemissionen umgerechnet. Da die beiden Gase aber völlig unterschiedliche physikalische Eigenschaften aufweisen und in Folge anderen Dynamiken zwischen Ausstoß und Senken unterliegen, ist diese Konversion unwissenschaftlich.

Zudem ist die Viehhaltung laut den Aussagen des Weltklimarats keineswegs der Hauptverursacher der Methanemissionen. Laut neueren Satellitenmessungen geht der aktuelle Anstieg der Konzentration wesentlich auf den Ausbau der landwirtschaftlichen Produktion in China und Indien zurück. Methan ist ein brennbares Gas und wird zu 90 Prozent in der Atmosphäre abgebaut. Deshalb würde es genügen, die Emissionen um 10 Prozent zu reduzieren, um einen weiteren Anstieg der Konzentration zu stoppen, beispielsweise indem man starke Punktquellen wie die Kohle-, Öl- und Gasförderung sowie die Mülldeponien abdichtet. Damit wäre das Methanproblem zumindest vorerst gelöst.

Das Senkenmodell und die hier dargelegten Erkenntnisse über das Methan entschärfen das Klimaproblem ein wenig und eröffnen einen bürger- und wirtschaftsfreundlichen Weg, dieses in den Griff zu bekommen. Trotzdem wird eine öffentliche Diskussion über die Senken von einigen Klimaforschern mit der Begründung abgelehnt, dass jede Abschwächung der Dringlichkeit zur Demotivation der Bevölkerung führen könnte, die geforderten harschen Maßnahmen mitzutragen. Der Autor ist aber der Meinung, dass die Naturwissenschaft für Aufklärung und Wahrheit stehen muss. Sie kann nicht die Aufgabe haben, die Menschen durch das Übertreiben von Gefahren oder das Vorenthalten von Informationen zu erziehen, denn dann verliert sie ihre Glaubwürdigkeit. Kaum jemand würde leugnen, dass diejenigen, die früh vor den Gefahren der globalen Erwärmung warnten, in etlichen Fällen ignoriert, falsch wiedergegeben oder sogar aktiv sabotiert wurden. Nun, da die Realität des Klimawandels vollends in der öffentlichen Wahrnehmung angekommen ist, muss aber Vorsicht gelten, dass nicht die gleichen Taktiken zur Anwendung kommen, um abweichende Meinungen hinsichtlich unseres Umgangs damit, sofern sie wissenschaftlich fundiert und in guter Absicht verfasst sind, als Skepsis zu diskreditieren und aus dem Diskurs zu kegeln.

Plan B ist ein ganzheitlicher Ansatz, denn das Klimaproblem muss unter Berücksichtigung aller 17 UN-Nachhaltigkeitsziele gelöst werden. Folglich gilt es nicht nur die globale Erwärmung, sondern auch Armut, Hunger und Kriege zu bekämpfen. Das Ziel sollte sein, allen Menschen ein Leben in Frieden, Würde und Wohlstand zu gewährleisten. Mit Vernunft, Sachlichkeit, Optimismus, Mut und Tatkraft wird es uns gelingen, nicht nur das Klimaproblem in den Griff zu bekommen, sondern die Welt insgesamt zu einem besseren Ort zu machen.

Anmerkungen

Alle Internetquellen wurden zuletzt am 23.9.2024 abgerufen.

1. Einführung

1 https://essd.copernicus.org/articles/14/4811/2022/; https://www.ipcc.ch/report/ar6/wg1/chapter/chapter-5/

2. Die Folgen der Erwärmung

1 https://data.giss.nasa.gov/gistemp/
2 https://science.nasa.gov/science-research/earth-science/rising-waters/
3 https://www.realclimate.org/index.php/archives/2021/08/sea-level-in-the-ipcc-6th-assessment-report-ar6/
4 https://climatlas.com/tropical/; https://www.ncei.noaa.gov/access/monitoring/monthly-report/tropical-cyclones/202013
5 Erkennbar am hohen Staubgehalt der Eisbohrkerne, siehe https://www.nature.com/articles/20859
6 https://www.ncei.noaa.gov/access/monitoring/monthly-report/tornadoes/202407
7 https://www.dwd.de/DE/presse/pressekonferenzen/DE/2021/PK_26_08_2021/pressekonferenz_behoerdenallianz.html
8 https://www.gdv.de/gdv/themen/klima/starkregen-grafiken-in-der-uebersicht-52902
9 https://link.springer.com/chapter/10.1007/978-3-030-43203-4_14
10 https://terra.nasa.gov/news/modis-shows-earth-is-greener
11 https://www.researchgate.net/figure/The-1961-2021-time-series-of-the-global-average-yields-t-ha-for-maize-rice-soybean_fig5_372963969

3. Plan A: Reduktion der Treibhausgasemissionen

1 https://gml.noaa.gov/ccgg/trends/
2 https://ourworldindata.org/co2-emissions
3 https://www.worldometers.info/co2-emissions/co2-emissions-by-country/
4 https://www.wri.org/data/world-greenhouse-gas-emissions-2020

4. Bevölkerung und Armut

5 https://population.un.org/wpp/Graphs/Probabilistic/POP/TOT/900

5. Kohle, Öl, Gas und Uran

1 https://ourworldindata.org/grapher/global-energy-consumption-source

2 https://www.bgr.bund.de/DE/Themen/Energie/Produkte/produkte_node.html?tab=Energiedaten

6. Die erneuerbaren Energien

1 https://worldpopulationreview.com/country-rankings/cost-of-electricity-by-country
2 https://iea.blob.core.windows.net/assets/ffd2a83b-8c30-4e9d-980a-52b6d9a86fdc/TheRoleofCriticalMineralsinCleanEnergyTransitions.pdf

7. Der Treibhauseffekt

1 https://climatemodels.uchicago.edu/modtran/modtran.doc.html

9. Kohlendioxid

1 https://www.ipcc.ch/report/ar6/wg1/figures/chapter-5/figure-5-12
2 https://en.wikipedia.org/wiki/Primary_production
3 https://essd.copernicus.org/articles/14/4811/2022/
4 https://www.ipcc.ch/report/ar6/wg1/chapter/chapter-5/

10. Senkenleistung

1 https://ourworldindata.org/fossil-fuels
2 https://www.iea.org/reports/co2-emissions-in-2023/executive-summary
3 https://ourworldindata.org/grapher/co2-land-use
4 https://www.researchgate.net/publication/347228434_Global_Carbon_Budget_2020
5 https://sealevel.info/co2.html

11. Ozeansenke

1 https://www.nature.com/articles/nature11299
2 http://www.climatedata.info/proxies/data-downloads/

12. Landsenke

1 https://www.researchgate.net/publication/357163700_Growth_Equations_in_Forest_Research_Mathematical_Basis_and_Model_Similarities
2 https://earthobservatory.nasa.gov/images/146296/global-green-up-slows-warming; aus Gründen der Darstellbarkeit in Graustufen wurden die negativen Werte insbesondere in Lateinamerika und Nordafrika weiß gefärbt.
3 https://www.ipcc.ch/report/ar6/wg1/figures/chapter-5/figure-5-24
4 https://www.science.org/doi/10.1126/science.1220177
5 https://www.ipcc.ch/report/ar6/wg1/figures/technical-summary/box-ts-6-figure-1
6 https://2dgf.dk/xpdf/bull48-2-117-134.pdf
7 https://www.ipcc.ch/report/ar6/wg1/downloads/report/IPCC_AR6_WGI_SPM.pdf
8 https://www.ipcc.ch/report/ar6/wg1/figures/chapter-5/figure-5-25

13. Methan

1 https://gml.noaa.gov/ccgg/trends_ch4/
2 https://de.wikipedia.org/wiki/Treibhauspotential
3 https://www.ipcc.ch/report/ar6/wg1/figures/chapter-1/figure-1-29

4 https://gml.noaa.gov/ccgg/trends_ch4/
5 https://www.ipcc.ch/report/ar6/wg1/figures/chapter-5/ccbox-5-2-figure-1
6 https://vpl.astro.washington.edu/spectra/co2pnnlimages.htm; https://vpl.astro.washington.edu/spectra/ch4pnnlimages.htm
7 https://www.eumetsat.int/fr/linstrument-iasi-embarque-sur-metop-c-produit-son-premier-spectre
8 https://www.tandfonline.com/doi/abs/10.3402/tellusb.v50i2.16030
9 https://arstechnica.com/science/2016/03/why-did-methane-stop-increasing-then-start-again/; https://www.science.org/content/article/soviet-collapse-might-explain-mysterious-trend-global-methane-emissions
10 https://www.science.org/doi/10.1126/science.aad2705
11 https://www.nasa.gov/feature/jpl/methane-super-emitters-mapped-by-nasa-s-new-earth-space-mission; https://www.esa.int/ESA_Multimedia/Images/2019/03/Global_methane
12 https://www.nature.com/articles/s41893-019-0220-7
13 https://www.nasa.gov/centers-and-facilities/jpl/methane-super-emitters-mapped-by-nasas-new-earth-space-mission/
14 https://www.ipcc.ch/report/ar6/wg1/chapter/chapter-5/

14. Verstärkung der Senkenleistung

1 https://www.nationalacademies.org/our-work/a-research-strategy-for-ocean-carbon-dioxide-removal-and-sequestration
2 https://rwu.pressbooks.pub/webboceanography/chapter/5-5-dissolved-gases-carbon-dioxide-ph-and-ocean-acidification/
3 https://earthobservatory.nasa.gov/features/Martin
4 https://www.frontiersin.org/articles/10.3389/fclim.2020.575716/full
5 https://www.science.org/doi/10.1126/science.aax0848; https://crowtherlab.com/whats-the-potential-of-a-trillion-trees/
6 https://www.nature.com/articles/s43247-021-00333-1
7 https://drawdown.org/solutions/table-of-solutions
8 https://www.ipcc.ch/report/ar6/wg3/figures/summary-for-policymakers/figure-spm-7/
9 https://ec.europa.eu/commission/presscorner/detail/en/IP_22_6784

15. Budgetmodell versus Senkenmodell

1 https://www.nature.com/articles/nature08047
2 https://www.ipcc.ch/report/ar6/wg1/figures/summary-for-policymakers/figure-spm-10

16. Gegenargumente

1 https://www.ipcc.ch/report/ar6/wg1/figures/chapter-5/figure-5-25
2 https://agwobserver.wordpress.com/2011/12/01/papers-on-1940s-dip-in-atmospheric-co2/
3 https://www.science.org/doi/10.1126/sciadv.adk1189

17. Die Verweildauer des Kohlendioxids: Ein verblüffendes Argument

1 https://science.nasa.gov/earth/climate-change/greenhouse-gases/the-atmosphere-getting-a-handle-on-carbon-dioxide/
2 https://de.wikipedia.org/wiki/Kernwaffen-Effekt